KB023802

가까운 날들의 사회학

가장 익숙한 곳에서
발견하는 새로운 생각들

가까운 날들의 사회학

정인호 지음

새로움은
늘 발 앞에 놓여 있다

옛날, 어느 성에 왕과 그의 딸인 공주가 살았다. 어느 날 갑자기 공주가 원인을 알 수 없는 불치병에 걸렸고, 수많은 의원들이 치료를 해보았지만 공주의 병은 낫지 않았다. 하나 밖에 없는 공주의 목숨을 살리기 위해 왕은 성에 방을 붙였다. '공주의 병을 낫게 하는 사람은 공주와 결혼할 것이며 다음 왕의 자리에 앉히겠노라!'

이 방을 건너 시골 마을에 사는 삼형제가 보았다. 그 형제들은 각각 하나씩 특별한 보물을 가지고 있었다. 첫째 형은 천리 밖을 볼 수 있는 망원경을 가졌고, 차남인 둘째는 천리를 하루 만에 갈 수 있는 말을, 마지막 셋째는 모든 병을 치료하는 마법의 사과를 가지고 있었다. 삼형제는 첫째의 망원경으로 성에 붙은 방을 보고, 둘째의 천리마를 타고 성에 도착해, 셋째의 마법 사과를 공주에게 먹여 공주의 병을 낫게 했다.

삼형제 중 누가 공주와 결혼했을까? 옛 이야기대로라면 공주에게 사과를 먹인 셋째와 공주가 결혼해야 맞다. 실질적으로 공주의 목숨을 낫게 해준 건 셋째의 사과였으니 말이다. 하지만 지극히 현대적인 관점에서 바라보면 공주는 첫째와 결혼을 했어야 맞는 것 아닐까? 아무리 좋은 교통편과 의학 기술이 있더라도 환자를 발견하지 못한다면 그것은 무용지물이다. 망원경으로 성에 붙은 방을 발견했기 때문에 천리마와 마법의 사과가 적재적소에 활용될 수 있었던 것이다.

창조에서 문제의 해결보다 더 중요한 것은 '문제의 발견'이다. 문제를 발견할 수 있어야 해결할 지점들이 보이기 때문이다. 즉, 창조는 결과변수고 관찰은 선행변수다. 선행변수가 있어야 결과변수도 유효한 값을 드러낸다. 그러나 우리는 선행변수 없이 바로 결과를, 즉 빨리 눈앞에 창의적인 무언가가 나타나길 바란다. 그러니 창조가 어렵다고 생각할 수밖에. 모든 창조는 관찰에서 시작된다. 관찰은 새로운 기회를 만들고, 변화의 의지를 다지게 하며, 성장의 발판을 마련해준다. 그러므로 우리는 주변을, 일상을 정밀하게 관찰할 수 있어야 한다.

그러나 일상의 관찰은 그렇게 쉽지 않다. 대부분의 사람들은 현상을 그저 눈앞에 '보이는 대로' 보기 때문이다. 더 큰 문제는 주변을 제대로 보지 못하면서 이미 모든 것을 인지하고 있다고 판단하는 것이다. 익숙한 풍경이 눈에 들어오면 당신은 늘 봐왔던 패턴대로, 이미 가지고 있는 시점으로 관찰하고 인식한다. 일관된 관찰 태도를 바꾸지 않으면서 스스로의 인생이 왜 이렇게 발전하지 못하고 진부하냐며 자학한다.

바나나를 먹고 난 후 껍질이 갈색으로 변하는 것을 본적이 있을 것이다. 색깔이 갈색으로 변하는 것을 인식하는 건 '수동적 관찰'이다. 큰 노력 들이지 않고 바라만 봐도 알 수 있다. 어떤 사람은 그 생각을 넘어 이렇게 의문을 품는다. '바나나가 상하면 왜 껍질이 갈색으로 변하는 걸까?' 이는 식물이 함유하고 있는 폴리페놀이라는 화합물이 산소와 작용하면 색깔이 갈색이나 검은색 물질을 만들어내기 때문이다. 질문을 갖고 의문을 품어야 '적극적 관찰'이라 할 수 있다. 헝가리 출생의 미국 생화학자인 알베르트 스젠트 기요르기Albert Szent-Gyorgyi는 일상적 주변 상황에서 적극적 관찰을 통해 식물 안에서 당 같은 화합물질인 비타민 C가 필요하다는 사실을 밝혀냈다. 그는 이 과정에서 비타민 C와 푸마르산의 접촉작용에 대한 발견으로 노벨 생리·의학상을 수상했다.

하늘 아래 새로운 것이 있을까? 우리가 바라보는 새로움이란 과거에 존재했던 사물의 맥락을 바꾼다든지, 더하거나 빼거나, 용도 변경, 다르게 보기 등을 통해서 나타난 결과물들이다. 즉, 완전한 무에서 유를 창조하는 것은 있을 수 없으며, 있다하더라도 그것은 본질을 파괴하고 새로운 질서를 부여해서 나타나는 기존의 것을 응용한 것뿐이다.

러시아 속담에 숲속을 거닐어도 땔감을 발견하지 못한다는 말이 있다. 이 속담처럼 혹자는 아는 만큼, 배운 만큼 보인다고 한다. 그러나 더욱 중요한 것은 좋은 대학, 좋은 기업 출신이 아니고 얼마나 세밀하게 적극적으로 관찰하느냐다. 보는 만큼 알 수 있다. 피사의 대성당에서 일하는 수많은 사람이 천장에 매달린 램프에 기름을 넣는 과정에서 추가 왕복 운동하는 것을 보았지만, 오직 갈릴레오 갈릴레이만이 그것을 유심히 관찰했고 그 움직임을 시간을 측정하는 데 응용했다. 아무리 많이 알아도, 아무리 좋은 기업에 근무했더라도 적극적으로 관찰하지 않는다면 지식과 경험은 그저 당신의 이력을 채우는 몇 가지 숫자들에 불과하다.

열심히 숲속을 거닐지만 땔감도, 천장에 매달린 램프의 의미도 제대로 관찰하지 못하는 사람들이 우리 사회에, 일상에 가득하다. 멀리서 휘황찬란하고 큰 것을 찾기 위해 의무적으로 움직이지만 스스로의 태도는 절대 바꾸려 하지 않는다. 예술이나 과학의 세계에서는 '세속적인 것의 장엄함'이라는 철학이 있다. 거창한 것 같지만 단순한 논리다. 일상의 가까운 날들에서 주목할 만한 가치를 찾아내다 보면 당신의 세상도 달라질 것이다. 먼저 들춰보고 뒤집어 보고 이어보면, 그동안 보지 못했던 새로운 풍경이 눈앞에 펼쳐질 것이다.

궁금한 것을 참지 말라. 그리고 의문을 품고 적극적으로 관찰해 보라. 보고 또 보고 만져보고, 씹어보고, 던져보고, 들춰보고, 물어보자. 이 책이 당신에게 새로운 관찰의 눈을 뜨게 해주길, 창조의 첫 단추가 되길 바란다.

2017년 가을

정인호

목차

1장 가까운 마음

2장 가까운 돈

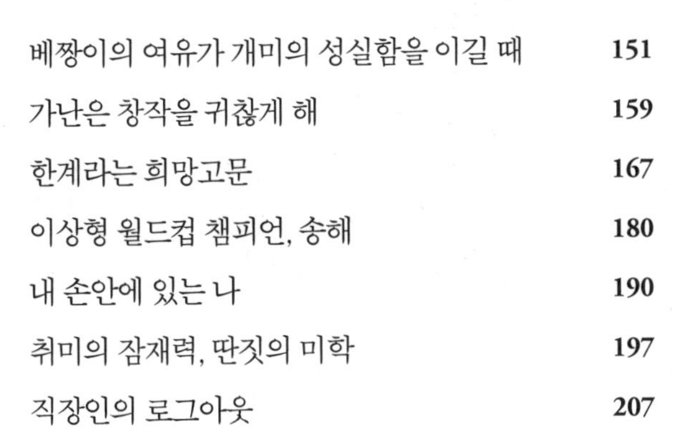

3장 가까운 미래

1장 가까운 마음

EXIT

5인치 화면 안에 갇힌 사람들

모든 걸 스마트폰으로 보다

최근 국내 언론사에서 "당신 인생에서 가장 소중한 물건은 무엇인가?"를 조사했다. 남녀를 불문하고 압도적인 1위를 차지한 것은 스마트폰이었다. 그 다음으로는 노트북(태블릿 PC), 디지털 카메라, 자동차, 시계, 핸드백, 화장품, CD플레이어 등이 뒤를 이었다. 소중하다고 언급한 물건들의 특징은 IT기기와 장비들이 주류였다는 점이다. 추억이나 지식을 상징했던 책, 앨범, 다이어리, 만년필 등은 거의 찾아볼 수 없다. 하긴 이 모두를 스마트폰이 대체하게 됐으니 굳이 따로 소중히 다룰 필요가 사라졌다.

요즘 부모들은 아이가 초등학교에 입학하는 것과 동시에 아이에게 스마트폰을 사준다. 아이가 필요로 해서도 있지만 맞벌이 부모가 소통과 통제의 도구로 스마트폰을 쥐어주는 경우가 많다. 그렇다 보니 국내 초등학교 고학년의 스마트폰 보급률은 73퍼센트에 달한다. 문제는 지나친 사용 때문에 스마트폰 중독 증세를 호소하는 아이들이 많다는 것이다. 어린이의 스마트미디어 실태조사에 따르면 만 5~9세 어린이의 인터넷 중독 비율은 8.2퍼센트로, 20~49세 성인이 응답한 6.8퍼센트보다 훨씬 높았다. 이는 전 연령 평균치 7.7퍼센트보다도 높은 수치다. 아이들에게서 휴대전화가 울린다는 착각을 자주 한다거나, 휴대전화가 없으면 불안하다는 등의 부작용을 어렵지 않게 볼 수 있는 이유다.

최근 연구에서 어릴 때부터 스마트폰을 사용하거나 스마트폰 의존도가 높은 학생일수록 국어 성적이 떨어진다는 결과가 나왔다. 고려대학교 교육학과 연구진은 서울에 있는 중학교 3학년 학생 4,672명을 대상으로 국어 과목의 학업 성취도를 분석했다. 그 결과 중학교에 입학하기 전 스마트폰을 사용하기 시작한 학생 2,293명의 국어 성취도는 35점 만점에 16.30점으로, 이는 중학교 이후로 스마트폰을 사용하기 시작한 학생들의 국어 성취도 17.17점보다 낮고, 전체 평균 점수인 16.60점보다도 낮은 수준이었다.

왜 이런 결과가 나타났을까? 스마트폰 의존도가 높은 학생들은 줄임말 등 올바른 형태가 아닌 언어를 자주 사용하고, 시각에 지나치게 의존하는 영상이나 짧은 글만 소비하는 데 익숙하기 때문이다. 오늘날 신문 구독률이 떨어지는 것도 같은 맥락이다. 1995년 신문 구독률은 전체 인구 중 70퍼센트에 육박했다. 그러나 20년이 지난 지금 종이신문 구독률은 14퍼센트로 56퍼센트 포인트나 감소했다. 손바닥 안에 모든 기사가 있으므로 굳이 돈을 들여 종이신문을 읽을 수고를 하지 않는 것이다.

그렇다면 스마트폰으로만 글을 보고 지면을 읽지 않으면 어떤 문제가 있을까? 종이신문이 아닌 스마트폰으로 기사를 읽으면 이해도의 차이가 있을까? 결론부터 이야기하자면, 아주 분명한 차이가 있다. 다트머스 대학과 카네기멜론 대학 연구진은 최근 디지털 기기로 읽을 때와 종이로 읽을 때 이해 정도에 어떤 영향을 주는지 학생들을 대상으로 실험을 했다. 한 그룹은 노트북 PDF로, 또 한 그룹은 종이로 읽게 했다.

첫 번째 실험은 참가한 학생 81명을 두 그룹으로 나눠 유머 작가 데이비드 세브리스의 짧은 이야기를 읽게 한 뒤 총 24개의 선다형 문제를 풀도록 했다. 24개 중 12개는 캐릭터들의 특징과 전체 맥락을 추론하는 추상적 질문이었다. 예를 들어 "화자의 어머니가 눈이 많이 내린 상황에서 준비 없이 집에서 나왔다는 것에서 추론할 수 있는 사실은 무엇인가?" 등이었고, 나머지 12개는 "티파니가 입고 있었던 코트의 색깔은 무엇인가?" 등의 세부 내용을 묻는 구체적인 질문이었다.

결과는 어떻게 나왔을까? 먼저 추상적인 질문에 대해 노트북으로 읽은 사람은 48퍼센트, 종이로 읽은 사람은 66퍼센트의 정답률을 보였다. 반면 구체적인 질문에는 노트북으로 읽은 사람은 73퍼센트, 종이로 읽은 사람은 58퍼센트의 정답률을 보였다. 추상적인 질문에는 종이로 읽은 사람이, 구체적인 질문에 대해서는 노트북으로 읽은 사람이 좀 더 높은 정답률을 보였다. 즉 노트북으로 읽은 사람은 구체적인 정보를 잘 기억한 반면, 종이로 읽은 사람은 글 전체 맥락을 짚어내고 스토리를 추론하는 것에 더 우수했다.

실험을 진행했던 카네기멜론대학 카우프만 교수는 "디지털 화면은 우리가 글을 읽을 때 넓은 맥락보다는 정보 그 자체에 집중하게끔 하는 일종의 좁은 시각을 제공하는 것으로 보인다. 디지털로 읽는 시간이 길어질수록 큰 그림을 보는 쪽의 사고는 덜 발달하게 된다"고 강조했다.

연구진은 두 번째 실험을 해보았다. 연구진은 학생들에게 가상의 자동차 모델 4종의 주행거리, 수리 서비스, 핸들링, 컬러 옵션, 사운드 시스템 등 다양한 특징이 적힌 자료를 각각 종이와 모니터를 통해 보여주었다. 그런 다음 가장 우수한 모델을 선택하게 했다. 객관적 수치와 특징을 종합하면 이중 1개의 모델이 가장 우수했다.

연구 결과 종이로 자료를 읽은 사람 중 68퍼센트가, 모니터로 자료를 접한 사람은 43퍼센트가 이 모델을 선택했다. 이 결과에서 우리는 모니터보다 종이 자료를 읽는 것이 훨씬 종합적으로 판단할 수 있으며 문제 해결에도 더 낫다는 것을 확인할 수 있다. 구체적이고 세부적인 정보를 빨리 습득하고 싶을 때는 디지털 기기로 보는 것이 좋지만 새로운 생각, 창의적인 사고, 종합적인 판단을 위해 무언가를 읽을 때는 종이가 낫다는 것이다.

요즘 기업에서 회의를 진행할 때 태블릿 PC로 사안을 보고 해석하는 경우를 심심찮게 볼 수 있다. 자료를 인쇄해서 참석자들에게 나눠주고 진행하는 아날로그 방식은 찾아보기 힘들다. 기기로 보고, 기기로 해석하고, 기기로 기록해 기기로 공유한다. 위 두 실험에서 봤듯 회의의 목적이 창의적인 발상을 요구하는 것이라면 디지털 기기를 잠시 끄고 종이로 된 자료로 진행해보자. 실험을 진행한 카우프만 교수는 모니터로 읽다가 막히면 그 내용을 인쇄해서 본다고 한다. 이런 방식이 그나마 디지털 화면이 주는 부작용을 경감할 수 있다고 믿기 때문이다. 연구소 사람들을 유심히 관찰해보면 연구 자료나 저널지를 인쇄해서 읽는 경우를 볼 수 있는데, 이 또한 같은 맥락이다.

보여주기만 할 뿐, 해주지 못하는 것들

일상에 너무 녹아 있어 모를 뿐이지, 사실 현대인의 스마트폰 부작용은 꽤 심각한 수준이다. 얼마 전 서울의 한 중견기업에 다니는 김 씨는 온라인 대필업체에 경위서를 대신 써달라고 의뢰했다. 회사에서 일어났던 일들을 간략하게 적은 뒤 5만 원을 동봉해 업체로 보냈다. 당사자인 김 씨는 직접 써보려고 몇 번이나 시도했지만 써놓고 보면 왠지 논리적이지 않고 자기 입장만 합리화하는 것 같아서 마음에 들지 않았다고 한다. 이렇게 고민할 시간에 글 잘 쓰는 사람에게 맡기는 편이 훨씬 수월하다고 말한다.

문제는 김 씨와 같은 사람들이 적지 않다는 것이다. 취업포털 사이트 커리어에서 구직자 420명을 대상으로 설문조사한 결과 67퍼센트가 "자기소개서를 작성할 때 어려움을 겪는다"라고 답했다. 상황이 이러하니 돈 받고 문서를 대신 작성해주는 대필업체가 호황을 맞고 있다. SNS에 올라오는 단문과 영상에 익숙해져 길고 논리적인 글을 써본 경험이 줄어드니, 당연히 대필업체가 많이 생길 수밖에 없다.

대필업체 사이트에 들어가 관찰해보면 자기소개서뿐만 아니라 반성문, 의견서, 진술서, 사과문, 학교 감상문, 레포트까지 인간이 생각해서 표현할 수 있는 모든 문서 영역에 대필 서비스를 하고 있다. 만약 당신이 약간의 글재주가 있다면 한국대필작가협회에 가입해 대필 서비스로 용돈벌이를 해도 나쁘지 않을 것 같다. 통계가 말해주듯 2003년 인터넷으로 영업하는 대필 작가는 10여 곳에 불과했으나 요즘은 100여 개가 넘는 업체가 왕성하게 활동하고 있다. 임대료나 관리비가 들지 않으니 도전해볼 만하지 않을까?

이를 방증이라도 하듯 학교에서 운영하는 독서 프로그램이나 독서 동아리 활동에 참여하는 학생이 늘어나고 있다. 이런 활동이 국어 성취도와 언어 구사 능력, 사고력을 높이는 데 도움이 되기 때문이다. 따지고 보면 '병 주고 약 주는 식'이다.

이러한 상황에서, 우리가 배워야 할 대안 교육이 하나 있다. 미국의 세인트존스대학은 독특한 교육 프로그램을 운영한다. 이 대학은 전공과 시험, 강의와 교수가 없다. 특별한 인문학 교육으로 소문난 이 대학의 커리큘럼은 4년간 고전 100여 권을 읽고 토론하는 것이 주요 내용이다. 1696년 세워진 세인트존스대학은 1920년대 대공황으로 재정 위기에 처하면서 학교를 부활시킬 방법으로 인문학에 집중하는 현재의 수업 시스템을 도입했다.

학생들은 4년간 이어지는 세미나 수업에서 호메로스의 《일리아스》, 《오디세이아》부터 루소, 로크, 헤겔, 마르크스의 저작까지 100여 권을 읽어내야 한다. 수업은 100퍼센트 토론식이며, 교수는 '프로페서professor'가 아니라 '튜터tutor'로 불린다. 튜터와 학생은 수평적 입장에서 동등하게 토론에 참여한다. 수업시간에 발언하지 않는 학생은 배움의 의지가 없다는 평가를 받고 학교를 떠나야 한다. 책을 읽고 생각을 정리하는 세인트존스대학의 수업 방식은 결국 학생 스스로가 누구인가를 이해하게 하는 과정이며, 주도적으로 문제를 해결하게끔 만들어준다.

일상의 동반자인 스마트폰은 인터넷을 통해서 공간과 시간의 제약을 받지 않고 세계 어떤 누구와 연결될 수 있다는 상상 속의 일을 현실로 만들었다. SNS 덕분에 한 개인이 가질 수 있는 친구의 수가 기하급수적으로 늘어났다. 혹자는 페이스북의 친구가 5,000명이 넘어 동시에 두 개의 계정을 운영하고 있다는 자랑을 늘어놓는다. 이렇게 친구의 범위가 확장되면서 친구에 대한 정의 또한 변하고 있다. 스마트폰과 공부도 함께하고, 영화도 같이 보고, 술도 같이 마시고, 싸움도 같이 하고, 심지어 화장실도 같이 간다. 오죽하면 올림픽 경기장에도 스마트폰을 갖고 간다. 지난 2016년 리우올림픽 펜싱경기장에서 프랑스의 대표 펜싱선수인 앙조르포르는 남자 플뢰레 개인전에서 경기하던 도중 스마트폰을 흘리기도 했다. 이처럼 스마트폰은 인생의 모든 것을 함께하는 존재가 됐다.

하지만 카카오톡, 페이스북, 라인, 트위터, 인스타그램 등 여러

SNS를 통해 수많은 친구와 연결되면서 한 명의 친구와 공유하는 활동의 수와 시간은 과거에 비해 크게 줄어들었다. 주식에 대한 이야기를 나누는 친구 따로, 사업 이야기를 나눌 수 있는 친구 따로 나누어 사귀게 된 것이다. 과거의 친구는 내 감정, 일, 취미 등 다양한 부분을 공유하고 있었기 때문에 문제나 갈등이 생겼을 때 친구 관계를 단절하기가 매우 어려웠다. 하지만 요즘의 친구는 손가락 터치 하나로 연락이 가능하기 때문에 시간과 노력이 대폭 줄어들었다. 그리고 특정 부분에 대해 공유하는 경우가 많아 맘이 맞지 않으면 언제든지 관계를 끊을 수 있다. 손가락으로 '삭제' 버튼만 누르면 끝난다.

문제는 나한테만 관계의 단절이 쉬워진 것이 아니라 상대도 마음만 먹으면 아주 쉽게 나와의 관계를 단절할 수 있다는 점이다. 따라서 SNS 공간에서 친구 관계를 지속적으로 유지하기 위해서는 상대방이 기대하는 최소한의 서비스를 제공해줘야 한다. '좋아요'도 눌러줘야 되고, 한 번씩 댓글에 칭찬과 공감의 메시지도 남겨야 한다. 그러니 친구가 많아질수록, 그리고 이 친구들을 유지하려는 동기가 강할수록 스마트폰에 더욱 몰두한다.

더 큰 문제는 본 적도 없는 온라인 공간의 친구에 몰두하다가 정작 현실의 중요한 관계를 잃어버린다는 점이다. 그래서일까. 대한민국의 직장인 중 극히 소수의 사람만이 일터에서 관계에 대한 욕구를 충족한다. 직원들이 회사 외부의, 온라인 속에 존재하는 사람들과 끊임없이 접촉을 유지하려는 것은 직장 동료와의 관계가 맘에 들지 않기 때문이다. 특히, 나이가 어릴수록 그런 경향이 매우 두드러지게 나타난다. 오늘 당신이 식당이나 카페에서 누군가를 만났다면 주변을 둘러보라. 서로 마주 보며 대화를 나누기보다는 각자 자신의 스마트폰에 빠져 만나보지도 못한 친구들을 관리하고 있다. 메시지가 오면 당장 답을 줘야 한다. 이러한 모습을 보고 있는 당신의 연인이, 가족이, 절친이 어떻게 생각하고 있을지 판단해 보라. 어쩌면 당신 삶에서 가장 중요한 사람은 지금 당신 스마트폰 뒤에 앉아 있는 바로 그 사람일 수도 있다.

감정을 이입하는 이모티콘 심리학

스마트폰의 또 다른 폐해의 원인은 대한민국 문화에 있다. 4차 산업혁명의 시대가 도래하면서 다양한 분야에서 인공지능 로봇이 등장하고 있다. 제조 현장에서 활용되는 로봇을 제외한 대부분 로봇은 인간의 외형과 매우 닮아 있다. 인간은 사람이 아닌 것을 실제 사람과 똑같은 모습으로 만들려는 욕구가 강하기 때문이다. 즉 자신과 닮거나 같다고 생각하면 이성과 감성이 자극되어 로봇을 인간과 동일하다고 보는 '플라시보 효과placebo effect'가 짙어지기 때문이다. 박태환 선수가 운동이 끝나고 1시간 정도 상상만으로 훈

련했을 뿐인데 실제로 운동했다고 느끼는 것처럼, 인간의 뇌는 이상과 현실을 구분하지 못한다.

인간은 외부의 존재를 판단할 때 얼굴이 있는 존재와 얼굴이 없는 존재, 두 관점으로 나눠서 판단한다. 더구나 인간의 뇌에는 인간의 얼굴만 판단하는 방추상회Fusiform Gyrus라는 영역이 있다. 후두엽과 측두엽에 걸쳐 있는 방추상회는 모든 사물에 얼굴의 유무를 판단하므로 눈과 입만 중점적으로 본다. 구멍 세 개만 있으면 사람 얼굴로 인식하는데, 만약 방추상회가 얼굴이 있다고 인식하면 인간으로 판단을 내려 사회적 관계를 맺으라고 명령을 하고, 그렇지 않으면 사물로 인식한다. 그런데 방추상회가 인간을 인식하는 기준에는 동·서양 간의 차이가 있다. 동양인은 주로 눈을 보고, 서양인은 입을 보고 인식한다. 그래서 우리나라를 비롯한 동양인의 이모티콘은 주로 눈이 바뀐다. (^_^, ㅠ.ㅠ) 반면 서양인은 입 모양을 바꾼다. (:), :(, :D)

동양인은 눈을 통해, 서양인은 입을 통해 사람의 감정을 인식한다. 자산 가치 약 20조 원, 연간 시장 규모 3,000억 원에 달하는 헬로키티는 일본을 비롯해 아시아의 가장 비싼 캐릭터로 꼽힌다. 하지만 아시아에서 엄청난 인기를 끌었던 헬로키티는 유럽에서는 냉담한 반응이었다. 왜냐면 헬로키티는 눈만 있고 입이 없기 때문이다. 동양인은 눈을 보고 감정을 읽고 대상을 동일시하기 때문에 입이 없는 것이 이상하지 않다고 생각한다. 반면 서양인들에게는 입이 없는 것이 동양인에게 눈이 없는 것과 비슷한 현상이다. 그래서 서양인은 헬로키티에 감정이 잘 생기지 않는 것이다.

이처럼 동양인이 눈을 중요하게 인식하다 보니 시각적 기능 또한 자연적으로 발달할 수밖에 없다. 시각적으로 대상을 먼저 보고 감정을 인식한다. 대한민국 국민이 스마트폰에 쉽게 현혹되고 장시간 사용하는 것은 바로 동양인의 강점인 시각적 기능 때문이다. 서양인들은 말하고 토론하는 것을 좋아한다. 반면 한국사람은 말로 표현하는 것을 좋아하지 않는다. 이미 눈빛으로 감정을, 대상을 읽었다고 생각한다. 왜? 한국사람은 입보다 눈을 더 중요하게 보니까.

SNS 계정으로는 설명할 수 없는 나

"세상의 중심은 누구일까?" 이런 질문을 던지면 대부분은 자기 자신이라고 답한다. 세상은 내가 생각한 대로, 노력한 대로 만들어간다고 강조한다. 하지만 정작 관찰해보면 우리는 모두 위증의 삶을 살아가고 있다. 인터넷이 등장하고, 스마트폰이 일상이 되면서 삶의 방식뿐만 아니라 인생의 우선순위, 세상의 중심도 바뀌었다.

일상의 모습을 좀 더 구체적으로 관찰해보자. 스마트폰이 출시된 초창기에는 대부분 사용자들이 SNS와 일상을 명확하게 구분해 행동했다. 하지만 지금의 모습은 좀 다르다. 어느 날 친구들과 당신은 분위기 좋은 카페에 들렀다. 음악도 좋았지만 커피의 향기와 37년 전통 앤티크 가구, 프라하풍의 인테리어 등이 일행의 눈길을 사로잡았다. 이에 대부분은 스마트폰의 사진 기능을 열고 찍어댄다. 이리 찍고 저리 찍어 고급스럽게 나온 사진만 골라 SNS에 올린다. 즉, 일상이 먼저 있고 SNS가 따라오는 형태였다.

그런데 지금 우리의 모습은 어떠한가? 어느 순간부터 SNS에 사진을 올리기 위해 분위기 좋은 식당과 카페를 일부러 찾아간다. 뭔가 순서가 바뀌어버렸다. SNS라는 가상 세계가 나의 일상을 따라오는 게 아니라 나의 일상이 거꾸로 SNS를 쫓아가고 있는 것이다. 맹목적으로 찍고, 맹목적으로 '좋아요'를 누르고, 맹목적으로 업로드한다. 그곳에 '나'라는 실재가 있는 걸까. 스스로를 잘 포장해 누군가 볼 수 있게끔 가상의 '나'를 창조하고 있다. 가상의 '나'는 진짜 내가 아니다. 몇몇은 실재보다 가상의 '나'를 만드는 데 맹목적으로 시간을 쏟으며 다급해한다.

가톨릭 신자들은 식사 전에 기도를 한다. 기도는 왜 하는 걸까? 가톨릭에서는 오만, 인색, 성욕, 분노, 식욕, 질투, 태만의 7가지 죄악이 있다. 그중 식욕을 살펴보자. 6세기 말 교황 그레고리우스 1세는 탐식이 어리석은 기쁨, 음란함, 순결의 상실, 지나친 수다, 감각 기능의 약화를 가져온다고 말했다. 무엇보다 탐식은 인간의 감각을 고조시켜 성욕으로 이끈다고 보았다. 수도원의 식탁에서 침묵을 강요하고 대화를 성서 읽기로 대체한 것은 그런 이유였다. 이것이 오늘날까지 영향을 미쳐 식사에 앞서 기도를 하는 것으로 남아 있다.

이러한 의식은 우리의 일상에서도 쉽게 볼 수 있다. 식당에서 음식이 나오면 무엇보다도 먼저 스마트폰의 카메라로 음식의 모습을 찍어야 한다. 찍는 순간까지 아무도 식사를 시작할 수 없다. 그건 불문율의 법칙이다. 기도가 끝나야 음식을 먹듯, 완전한 작품으로 사진이 완성될 때까지 눈으로만 봐야 한다. 그 행위 속에는 사실 경건함 같은 건 없어 보인다. 단지 찍어야 하는 맹목적인 대상일 뿐이다.

1960년대 후반 미국에서 새로운 경향의 회화인 하이퍼리얼리즘이 탄생했다. 극사실주의極寫實主義, 슈퍼리얼리즘, 포토 리얼리즘 등 여러 가지 명칭으로 불리는 이 사조는 주관을 배격하고 어디까지나 사진과 같이 극명한 화면을 구성하는 것이 특징이다. 경우에 따라서는 캔버스에 감광제感光劑를 발라 사진을 직접 프린트한 작품도 있다. 그래서 흔히들 "사진이 그림을 따라 한 거야? 아님, 그림이 사진을 따라 한 거야?"라며 혼동하기도 한다.

하이퍼리얼리즘은 현재를 살아가는 우리에게 의미심장한 메시지를 던진다. 우리가 살고 있는 이 사회가 어쩌면 거대한 가상 현실, 즉 원본과 복제의 관계가 완전히 뒤바뀌어버린 거대한 하이퍼리얼리티 사회일 수 있다는 것이다. 개인이 추구하는 행복, 사랑, 믿음, 안녕이 권력과 계급을 추구하는 사회가 생기고 비대해지면서 그 순서가 뒤바뀐 것이다. 즉 원본인 개인을 가상인 사회가 억압하고 통제하고 있다. 결국 사회라는 허구 속에서 '나'라는 실재는 후순위로 밀려나거나 존재하지 않게 된다.

우리 모두는 태어날 때 세상에 하나밖에 없는 예술작품으로 태어난다. 하지만 사회적 기준에 맞는 천편일률적인 생각과 모양으로 복제되어 가상의 현실을 살아간다. '나'라는 독창적 예술작품을 평생에 걸쳐 흔해 빠진 공산품으로 만들다가 죽는다.

영국의 유명한 영화배우이자 코미디언, 다큐멘터리 감독인 스티븐 프라이는 이러한 인간의 뒤바뀐 삶에 대해 경고한다. "다큐멘터리를 제작할 때 숲속의 동물들을 관찰해보니 사자는 태어난 순간부터 죽는 순간까지 사자로 살다가 죽는다. 그런데 왜 오직 인간만이 내가 아닌 누군가를 흉내 내며 살다가 죽을까!"라고. 사회에 갇혀 나의 가치를 훼손하지 말아야 한다. 허구에서 벗어나 '나'라는 실재를 드러내며 살아가야 한다. 왜냐면 5인치 화면 속 모습은 내가 아니니까. 스마트폰을 손에 쥔 내가 원본이고, 내가 실재니까.

SNS와 흔들린 우정

만남? 이제 돈으로 사겠어

2016년 6월, 워런 버핏과 함께 점심을 먹는 자리가 경매로 올라왔다. 이 점심 경매는 무려 40억 원에 낙찰되었다. 이 이야기, 워런 버핏에게만 해당될까? 이미 일본에는 함께 저녁 먹어줄 사람 등 친구 대여 및 파견 서비스가 성업을 이루고 있다. 기본요금은 최초 한 시간에 5,000엔(약 5만 4,000원). 물론 남녀 간 신체 접촉 절대 금지와 같이 지켜야 할 규칙들도 정해져 있다.

그렇다면 도대체 어떤 이들이 이런 서비스를 이용할까? 도쿄에서 친구 파견 서비스 회사 '서포트원'을 운영하는 후쿠카와 메구미는 "친구 대행 의뢰엔 몇 가지 패턴이 있는데 그 가운데 하나가 누군가와 뭔가를 함께 즐기고 싶은 사람들"이라고 말했다. 구체적으로 이성 교제 경험이 없는 남성은 같이 쇼핑을 가서 양복을 골라줄 여성을, 와인을 좋아하는 중년 남성은 저녁을 함께 먹어줄 여성을 보내달라고 부탁하는 식이다. 애인 대행 서비스 느낌도 있지만, 신체 접촉은 절대 금지인 데다 여성들의 의뢰도 많은 편이다. 그 때문에 업체에선 의뢰자의 취향과 요구 등에 맞춰 19세부터 70대까지 약 40여 명의 직원을 확보하고 있다.

사람을 상대하는 일이다 보니, 때로는 상상도 못했던 상황이 벌어지기도 한다. 애인이 있는 여성이 소개팅에 나갔다는 사실이 애인에게 발각된 뒤 소개팅에 나가자고 꾀어낸 친구 역할을 요청한 적도 있고, 소개팅을 하는데 인원수가 안 맞으니 급히 한 명을 보내달라는 부탁도 있었다고 한다. 내 대학 시절에는 편한 사이인 친구들이 그 역할을 다 해줬는데, 이제는 하나의 서비스 산업이 되어버렸다.

당신의 우애수, 당신의 소울메이트

그렇다면 왜 이런 서비스가 성업을 이루는 걸까? 이를 잘 이해할 수 있는 개념 하나를 살펴보자. 피타고라스 학파 시대에 널리 알려진 '친화수親和數, amicable number'라는 수가 있다. 우애수友愛數라고도 부르는데, 두 수의 쌍을 뜻하는 말로 어느 한 수의 진약수, 즉 자기 자신을 제외한 약수들을 모두 더하면 다른 수가 되는 것을 말한다. 의역하자면 친화수는 천생연분인 두 개의 수를 뜻하는 말이다. 피타고라스가 발견한 첫 번째 친화수는 220과 284이다. 220의 진약수 1, 2, 4, 5, 10, 11, 20, 22, 44, 55, 110을 모두 더하면 284가 된다. 반대로 284의 진약수 1, 2, 4, 71, 142를 모두 더하면 220이 된다. 이 친화수는 〈박사가 사랑한 수식〉이라는 일본 영화에서 '우애수'로 소개되었다. 주인공인 수학자는 우애수가 신이 의도해 운명적으로 묶인 숫자라고 설명한다. 우애수는 단순히 숫자와 숫자 사이의 관계가 아니라, 특별한 연결고리를 갖고 있는 수라고 말할 수 있다.

현대를 살아가는 사람들은 핵가족화를 겪으면서 관계의 밀도가 옅어짐을 체감했다. 정보통신 기술이 발달하고 4차 산업혁명이 대두되면서 인간 소외 현상과 공동체의식 결여라는 문제를 떠안게 되었다. 개인주의가 널리 퍼지고 인정을 강요하지 않으면서 '나' 중심의 생활패턴에 익숙해졌다. 사람을 만나도 형식적인 관계 이상을 요구하지 않고 굳이 만나고 싶지 않은 사람을 만나 시간과 비용을 소비하려 하지 않는다. 그래서 비용을 지불하더라도 꼭 필요한 사람만 만나고 더 이상 인간관계를 지속하려 하지 않는다. 과거는 220의 진약수가 1, 2, 4, 5, 10, 11, 20, 22, 44, 55, 110으로 구성되어 더하면 284가 되었지만, 지금은 모든 숫자가 독립적으로 존재하는 상황이다. 통합보다는 각 개인의 전투력에 기초한 각개전투를 즐기는 시대가 된 거다.

현대의 생활 패턴이 이런 식으로 바뀌다 보니 관계의 공백을 채우고 싶어 하는 욕구가 일본에서 친구 대여 및 파견 서비스를 탄생시킨 것이다. 이런 서비스의 탄생은 일본만의 현상이 아니다. 우리나라도 지난 2014년부터 1인 가구가 많은 홍대 지역을 중심으로 'SNS반상회'라는 모임이 활발히 열리고 있다. 일반적으로 반상회는 우리 어머니 세대의 것이었다. 한 달에 한 번 다과를 차려놓고 얼굴을 마주하는 자리는 엄마들은 물론 또래 아이들끼리 공식적으로 만나는, 신나는 이벤트였다. 아파트 관리, 주차 관리, 시설물 설치 등 협의할 안건은 많았지만 먼저 수다를 만끽하는 일이 가장 중요했다. 그러나 SNS반상회는 지역 주민들만 참여했던 예전의 반상회와는 달리 다른 지역에 사는 어떤 누구도 참여할 수 있다. 브라질 음악 밴드 라퍼커션의 렉토 루즈가 대표적 SNS반상회인 '망원동 좋아요'를 만든 건 2014년이었다. 그저 동네에서 사람들을 만나고 싶어 페이스북 페이지를 만든 게 시작이었다. 처음에는 회원이 모두 지인이었는데, 동네 이야기가 쌓이고 지인 초대가 늘면서 회원은 현재 1만 명이 넘는다. 이들은 주로 SNS로 대화하고 때때로

축구 경기가 있는 날에는 치맥 모임을 가지기도 한다. 이외에 독서 모임, 바자회, 영화 모임, 배드민턴 모임 등 맞는 사람들끼리 모여 시간을 보낸다.

이런 SNS 모임에는 불문율이 있다. 서로 나이나 직업, 사는 곳, 가족관계, 학벌 등을 캐묻지 않는다는 점이다. 쿨하게 만나고 쿨하게 헤어지는 거다. 사회에서 만나는 사람들은 원하지 않아도 서로의 상황과 조건을 재고 따지거나, 묻고 답하기도 해야 하므로 눈치도 보이고 자존심이 상하기도 한다. 취직이나 이직을 준비 중이거나, 결혼 적령기에 접어들었거나, 아이 없는 결혼 생활 중이라면 주변인들에게 현재 상황에 대한 질문을 유독 많이 받을 수밖에 없다. 아마 그들은 부담감을 가지고 상대를 접할 것이기 때문에 편한 만남이 어렵고, 아예 만남 자체를 부담스러워한다.

그러나 SNS 모임은 '내가 사람들에게 어떻게 보일까?'라는 고민을 할 필요가 적다. 모임 목적에 맞게 서로 공감대를 형성한 다음 쿨하게 헤어진다. 간섭받거나 나를 완전히 드러낼 필요가 없으니 남에게도 굳이 요구하지 않는다. 자신을 포장할 필요가 없으니 개인적인 고민을 털어놔도 객관적으로 상대를 이해하고 해석하려 한다. 그러니 가족보다 SNS에서 만난 사람이 더 믿음이 가고, 더 친해질 수 있다고도 생각한다.

관계에서 믿음을 갖기란

하지만 점점 시간이 지나면서 SNS에 의존하는 사람들이 정확히 무엇이 중요한가를 알고 있는지 의심이 든다. 혹 사람들은 자신의 실체가 아닌 자신이 원하는 이미지를 SNS에 설정해두고, 그 이미지만 가지고 소통하는 건 아닐까? 물론 각박해지고 개인화되는 현대사회에서 SNS가 손쉽게 다른 사람들과의 소통을 가능하게 하고, 동시대를 살아가는 사람들의 외로움과 소외감을 달래준다는 순기능을 외면하려는 것은 아니다.

얼마 전 영국의 한 조사에서는 SNS 사용자의 70퍼센트 이상이 현실보다 사진을 미화하는 경향이 있다고 밝혔다. 완벽하게 깨끗하고 낭만적인 공간과 같은 바닷가에서 고즈넉하게 있는 사진이 SNS에 올라오지만 그 사진의 원본을 보면 쓰레기로 지저분하다. 딱 화면에 나오는 부분만 잘라서 특별한 현실에 있는 것처럼 SNS에 올리는 것이다. 또 다른 미국의 연구조사에 의하면 SNS를 많이 쓰는 사람이 그렇지 않은 사람보다 이혼을 두 배 이상으로 생각한다고 한다. 미화된 사진을 계속 보고 있으면 자기가 처한 현실에 대한 불만족은 더욱 커질 수밖에 없다.

그럼에도 불구하고 SNS 사용자들은 영화를 볼 때도, 맛난 음식점을 찾을 때도, 읽고 싶은 책을 고를 때도, 심지어 이직할 회사를 선택할 때도 SNS를 참고한다. 기업의 협찬에 의한 상업적 의도가 숨어 있기도 하고, 조작된 단순 이미지라는 것을 아는데도 불구하고 말이다.

SNS의 영향력은 산업을 고도화하고 고용을 창출했다는 순기능도 가지고 있다. 하지만 맹목적인 SNS 사용자들에게는 실제 세상이 아닌 가상 속 세계에 몰두하게끔 한다. 인간 삶에 SNS는 진정한 우애수가 될 수 없다. 목적이 아니라, 삶을 편하게 해주는 수단임을 잊지 말아야 한다.

현대사회에서 누구나 우애수 같은 인간관계는 하나쯤 가지고 있어야 한다. 우애수는 자신의 어려움을 덜어주고 지칠 때 삶의 이유를 확인해주는 존재가 되기 때문이다. 우리는 누군가가 자신의 우애수가 되어주기를 맹목적으로 바란다. 우애수는 깊은 상관성으로 연결되어 있어 서로가 서로에게 좋은 모습을 보였을 때 공동체적 연대감이 형성될 수 있다. 단순히 공유하는 것이 아니라 믿고 의지하며 고통도 함께한다. 그 관계가 반드시 연인이나 부부일 필요는 없다. 고독과 소외로부터 벗어나 모두가 함께 사는 삶을 영위하는 관계라면 그런 우애수가 될 수 있다. 당신의 우애수는 누구인가?

보는 게 더 맛있다,
쿡방과 먹방

먹는 걸 봅니다

요즘 TV를 켜면 케이블 채널이든 지상파든 빠지지 않고 나오는 프로그램이 있다. 예능의 지배적인 트렌드인 요리를 소재로 한 '쿡방'과 '먹방'이다. 쿡방은 요리하다의 '쿡cook'과 '방송'이 결합된 단어로 요리하는 것을 보여주는 방송을 일컫는다. 먹방 또한 '먹다'와 '방송'이 결합해서 나온 말로, 전문 요리사들이 우아하게 요리하고 연예인들이 맛있게 먹는 모습을 주로 보여준다.

과거의 음식 소재 방송은 지역의 유명한 맛집을 소개하는 생활정보 교양 프로그램과, 주부들을 대상으로 한 요리 교양 프로그램으로 나뉘었다. 물론 프로그램의 주요 시청자는 주부였다. 하지만 2015년 이후 쿡방과 먹방이 선풍적인 인기를 끌며 이 경계는 모호해졌다. 요리 방송, 맛집 정보 방송 등이 '음식 예능'이란 이름 아래 융합되면서 대중의 뜨거운 관심을 받고 있다. 프로그램의 주요 시청층은 성별 관계없이 전 연령대로 확대되었다. 쿡방을 즐기는 사람들의 모습을 관찰해보자.

#1

직장인 이보미 씨(29)는 쿡방, 먹방 마니아다. 그녀는 부모와 떨어져 서울에서 혼자 생활한다. 그녀가 사는 자취방의 TV는 늘 요리 채널에 고정되어 있다. 먹방 프로그램은 혼자 밥을 먹는 날에 특히 좋다. 실제 그녀의 저녁메뉴는 라면이지만, TV 속 스타와 함께 파스타를 먹는 기분이 들기 때문이다. 최근에는 친구들과 함께 TV에 나온 맛집을 찾아다니는 취미도 생겼다.

#2

요리가 취미인 박용식 씨(49)는 적극적으로 쿡방 예능을 활용한다. 얼마 전 그는 JTBC <냉장고를 부탁해>에 등장한 곤약 봉골레 파스타와 렛잇컵에 도전했다. 해당 방송에 등장하는 메뉴들은 대체로 만들기 쉬우면서도 독특해 따라 하고 싶은 욕구를 자극한다. 요리를 하고 있는 도중에는 자신이 '슬로 라이프'를 즐기고 있다는 생각에 괜스레 뿌듯함도 느낀다. 아내도 매우 좋아할 것 같은 기분이다.

위 두 사례를 보면 알 수 있듯, 먹방은 단순히 먹는 걸 보는 데서 벗어나 많은 사회적 의미를 함축하고 있다. 한국에서 거주하고 있는 방송인 데이브는 한국문화를 알만큼 안다고 생각하지만 먹방 문화는 도저히 이해할 수 없다고 한다. 그의 생각은 이렇다. "미국 문화는 한국과 많이 다르다. 한국인들은 칭찬을 많이 하는 것 같다. 미국에서는 '잘 먹는다, 진짜 복스럽게 먹는다' 등의 표현이 없다. 다른 사람이 얼마나 잘 먹는지에 대해 관심이 없기 때문이다. 남이 먹는 모습을 보는 것 자체를 비매너라고 생각한다. 그러니 방송이나 인터넷에서 먹방이 통할 리가 없다."

먹는 걸 보는 게 더 맛있다

그렇다면 유독 한국에서 이렇게 쿡방, 먹방이 인기를 끌고 있는 이유는 무엇일까? 첫 번째는 사람들은 미각이 아닌 시각과 청각으로 음식을 먹는다. TV 속 요리하는 모습이나 먹는 모습은 우리의 감각을 자극한다. 지글지글 음식이 끓는 소리, 형형색색의 재료와 음식의 모습이 청각과 시각을 자극해 실제 음식을 먹는 것 같은 생동감과 쾌락을 더한다. 쿡방을 보다가 나도 모르게 배달음식을 시켜

본 경험이 분명 한 번쯤은 있을 것이다. 그러나 예상했던 맛과 실제 배달된 음식의 맛은 크게 차이가 난다. 오히려 미각이 기대했던 쾌락을 줄인 경우다. 실제 나는 깍두기를 싫어하는데, 음식점에서 음식을 기다리는 동안 싱싱한 무를 써는 모습을 TV로 보고 깍두기를 두 접시나 먹었다. 이런 맥락에 맞춰 방송국에서는 감각 자극을 더욱 극대화하기 위해 ASMRAutonomous sensory meridian response 촬영 기법을 도입하기도 한다.

소비자의 욕구가 변화되었다는 것이 또 다른 이유다. 인간은 가장 낮은 단계인 생리적 욕구부터 안전에 대한 욕구, 사회적 욕구, 존경의 욕구 그리고 가장 높은 단계의 자아실현이라는 다섯 가지의 기본적 욕구를 가진다. 매슬로가 주장한 욕구 5단계는 하위 욕구가 충족되면 점점 상위 욕구에 높은 관심을 보이고, 그 욕구에 의해 동기가 유발된다는 이론이다. 이에 반기를 든 이론이 앨더퍼Alderfer의 ERG이론◆이다. 그는 매슬로의 5단계 욕구이론을 수정해 인간의 욕구를 3단계로 구분했다. ERG는 사람들이 실제로 욕구 단계를 어떻게 인지하고 있는지를 연구해 그 결과를 토대로 보다 현실적인 관점에서 정립한 이론이다. 앨더퍼는 이러한 욕구가

◆ 매슬로의 5단계 욕구이론을 수정, 개인의 욕구 단계를 3단계로 단순화한 앨더퍼의 욕구이론을 말한다. 인간의 욕구를 생존욕구existence needs, 관계욕구relatedness needs, 성장욕구growth needs로 구분해 사람들이 실제로 욕구 단계를 어떻게 인지하고 있는지를 연구했다. 이 결과를 토대로 좀 더 현실적인 관점에서 이론을 정립했다.

충족되지 않으면 좌절을 느끼거나 전 단계로의 퇴행이 가능하다고 주장했다.

경기 불황으로 유통업계가 전반적으로 큰 어려움을 겪고 있는 가운데 나 홀로 호황을 누리는 사업이 있다. 바로 편의점이다. 편의점 3사 평균 매출은 전년 대비 20~30퍼센트 증가했으며, 영업 이익은 43퍼센트 급증했다. 편의점이 이렇게 장사가 잘되는 이유는 뭘까? 바로 주 소비자인 1인 가구가 증가하고 있기 때문이다. 지난 2010년 15.8퍼센트였던 1인 가구 비율은 5년 만에 21.3퍼센트로 급증했다.

1인 가구의 증가율이 높은 것은 '먹고살기 힘들다'는 현실을 방증한다. 앞서 이야기했던 매슬로의 욕구단계를 떠올려보자. 하위 욕구가 충족되어야 상위 욕구로의 진전이 이루어진다고 한다면, 최근 우리 사회에서 나타나는 현상은 오히려 욕구단계가 퇴행되어 가고 있는 모습이다. 즉 앨더퍼가 주장한 것처럼 경제적 어려움과 취업난, 정치적 불만과 국가적 불안이 더해지면서 욕구 좌절이 일어난 것이다. 한국인들의 욕구는 상위 단계로의 진전은 고사하고 가장 아래 단계인 생리적 욕구로 오히려 후퇴하고 있다.

사는 게 변하니까 먹는 게 변하지

이처럼 가장 낮은 생리적 욕구조차 충족하기 어려운 시대이다 보니 소비자의 지갑은 점점 닫힌다. 따라서 사람들은 편의점에서 충족 가능한 '작은 소비'를 통해 그나마 먹는 즐거움을 해소한다. 편의점에서 끼니를 때우는 사람이 값비싼 재료로 유명한 셰프들이 벌이는 요리 경연을 똑같이 따라 할 수 있을까? 어렵다. 그럼에도 불구하고 쿡방이 인기 있는 이유는 '대리만족'이다. 직접 만들어 먹지 않더라도, 보기만 해도 즐거운 소비자의 욕구를 간접적으로나마 해소해주기 때문이다.

외로움을 덜하기 위해 먹는다. 첫 번째 사례의 이보미 씨는 "TV 속 스타와 함께 파스타를 먹는 기분이 든다"고 했다. TV를 통해 연예인과 함께 식사를 즐기는 모습을 상상하며 먹는다. 먹고살기 바빠 나 하나 챙기기도 힘든 시대에 매 끼니를 남과 함께 즐길 여유가 없기 때문이다. 한 실태조사에서 '가족 간 대화가 전혀 없다'라는 응답이 전체 중 30.9퍼센트로 나타났다. 더 큰 문제는 갈수록 이 수치가 늘어나고 있다는 것이다. 이러한 변화에 따라 네티즌들의 실시간 SNS 댓글로 꾸며지는 프로그램들이 인기를 끌고 있다. 맛있는 음식을 요리하면서, 사람들과 댓글을 주고받으며 외로움을 더는 것이다. 어딘가 씁쓸한 기분이 드는 현실이다.

한국의 먹방은 서양인으로 하여금 곤혹스러움을 느끼게 한다. 서양인에겐 다른 사람이 먹는 장면을 지켜보는 것이 꽤 불쾌한 일이다. 영국 TV의 푸드 쇼에도 마지막에 잠깐 시식 장면이 등장하지만 화면 안에 상반신이 다 들어올 정도로 거리를 두고 촬영한다. 그런데 한국의 먹방 프로그램은 카메라를 출연자 얼굴에 바짝 들이대고, 그들이 음식을 입안 가득 넣고 씹는 모습을 초근접 모드로 촬영해 보여준다. 한국 먹방 프로그램의 포인트는 음식이 입속으로 들어가는 순간이다. 이때는 시청자와 TV 속 출연자가 함께 먹는 느낌이 들어야 한다. 출연자도 먹고 나도 먹는다. 그 순간 TV를 보던 나는 나는 혼자가 아닌 우리가 되는 것이다.

이들의 외로움을 달래고자 요즘은 혼자 먹는 '혼먹방'까지 뜨고 있다. 혼먹방은 '혼자 먹는 방송'을 줄인 말로, 아프리카 TV 등 멀티채널네트워크 소속 엔터테이너들의 전유물이었다. 하지만 최근엔 tvN에서도 혼자 식사하는 청춘을 주제로 한 드라마 〈식샤를 합시다〉와 〈혼술남녀〉를 방영했다. 케이블 채널 올리브TV에서는 혼자 식사하는 스타의 모습이 고스란히 담긴 〈조용한 식사〉를 방영했다. 해당 프로그램은 기본적으로 연예인 한 명이 등장해 묵묵히 음식을 먹는 장면만 비춘다. 현실을 사는 일반인의 일상과 연예인이 별반 다르지 않음을 방송을 보면서 위로받는 것이다.

한국에서 쿡방과 먹방이 인기를 얻게 된 마지막 이유는 가정으로 돌아온 남자가 많이 생겨서다. 장기 불황과 내수 침체로 직장을 잃은 가장들이 가정에 머무는 시간이 많아진 반면 여성들의 경제 활동은 활발해졌다. 17세기 이후 사대부들이 주장한 '여성은 남성의 부수적인 존재이며, 주체적인 활동은 지양해야 한다'는 유교적 관념은 더 이상 통하지 않는다. 현대사회에서 어느 분야에서나 경제활동의 주체로 확실한 존재감을 드러내고 있다. 이러한 사회적 변화로 여성들은 직접 요리할 시간이 줄어들었고, 간편식을 선호하는 가구가 늘어나는 결과로 이어졌다. 결국 간단한 요리 방법을 알려주는 쿡방 프로그램에 관심을 가질 수밖에 없다. 그렇다면 가정의 생계를 담당하는 아내와, 가사를 전담하는 남편을 머릿속에 그려보자. 출근하는 아내를 위해 쿡방 프로그램을 틀어놓고 남편은 주방으로 향한다. 쿡방은 여러 방송국에서 방영하므로 매일 다양한 메뉴로 아내에게 요리를 해줄 수 있다. 남편은 쿡방 요리를 통해 아내에게 사랑받을 수 있다. 쿡방 외에 요리를 쉽고, 재밌게, 또 빠르게 배울 수 있는 수단이 생각보다 별로 없다. 위 두 번째 사례에 등장한 박용식 씨의 취미가 그냥 요리가 된 게 아니다.

도시를 점령한
코피스족과 카공족

도심에 즐비한 제3의 공간

지금 도심에는 카페들이 장사진을 친다. 커피 브랜드들이 우후죽순처럼 불어나는 것은 바로 대한민국의 끝없는 커피 사랑 때문이다. 카페 내부를 유심히 관찰해보면, 손님의 40~50퍼센트는 혼자 커피를 사 들고 구석에 앉아 공부하는 사람들이다. 공부에 몰입하는 것 같진 않은데 노트북이나 책을 펼쳐놓고 있는 모습을 어렵지 않게 관찰할 수 있다. 이러한 고객들을 '코피스족'이라 부른다. 커피Coffee와 오피스Office가 결합된 신조어로, 카페를 사무실처럼 활용하는 사람들을 가리키는 말이다.

요즘 대학생들은 시험 기간이 되면 책과 노트, 노트북을 등에 메고서 도서관이 아닌 카페로 향한다. 이들이 바로 카페에서 공부하는 '카공족'이다. 학력고사 시대를 지낸 부모님의 관점에서는 도저히 이해가 되지 않는다. 공부를 하러 가는 건지, 커피를 마시러 가는 건지….

부모의 이러한 의문과 질문에 코피스족은 이렇게 대답한다. "1초에 1만 원씩 번다는 영국의 조앤 K. 롤링이 어디서 해리포터 시리즈를 썼는지 알아? 에든버러에 있는 카페야. 《어린 왕자》 소설 알지? 생텍쥐페리도 그거 다 카페 가서 쓴 거라고. 그리고 난 너무 조용하면 집중이 안 된단 말이야."

카페가 사람들의 작업 공간이 된 지는 꽤 오래되었다. 대한민국 국민이 가장 즐겨 마시는 커피는 바로 스타벅스의 아메리카노다. 스타벅스를 말할 때 빼놓을 수 없는 것이 바로 '제3의 공간'이다. 회사를 다니는 사람에게 제1의 공간은 집이고, 제2의 공간은 회사다. 대부분 사람들은 제1의 공간과 제2의 공간을 쳇바퀴 돌듯 왔다 갔다 한다. 이 때문에 가끔은 일상의 틀에서 벗어나 호젓한 나만의 공간을, 나만의 시간을 갖고 싶어 한다. 스타벅스는 집과 직장, 학교를 벗어나 자신만의 휴식을 취할 수 있는 유일한 제3의 공간이 카페라고 강조한다. 카페라는 제3의 공간은 휴식을 넘어 집과 직장, 학교에서 느낄 수 없는 아늑함과 자유로운 분위기를 만들어준다. 일상으로부터의 일탈인 것이다.

최근 한 취업포털 사이트에서 직장인 500명을 대상으로 시행한 설문조사에 따르면 전체 응답자 중 54퍼센트가 카페에서 노트북이나 스마트폰을 활용해 업무를 본다고 답했다. 이처럼 코피스족 현상은 카페가 단순히 커피를 마시고 대화를 나누던 공간에 머물러 있지 않고 성인들을 위한 멀티 공간으로 변모하고 있음을 보여준다. 왜 집이나 사무실, 도서관이 하던 역할을 카페가 대신 수행하게 된 것일까?

사실 카페가 이런 기능을 하게 된 것은 갑자기 생겨난 현상이 아니다. 카페는 태생적으로 지성인과 예술가들에게 사랑을 받아온 공간이었다. 베네치아의 카페 플로리안Florian은 루소, 괴테, 바이런, 쇼펜하우어, 니체, 모네 등 이름만 들어도 알 만한 당대 철학자와 문인, 예술가들이 찾아 삶을 토론하고 예술적 영감을 키운 근대 지성의 성지다. 카페 문화가 가장 꽃핀 20세기 전반의 파리에서는 코코 샤넬, 피카소를 비롯한 문화계 인사들이 카페 레 되 마고Les Deux Magots에 모여 교류하며 당대의 트렌드를 만들어나갔다. 지금도 이러한 지성의 공간으로서 카페의 기능이 여전히 유지되고 있다.

일과 쉼의 사이, 어중간함을 즐기는 사람들

카페를 일하고 공부하는 최적의 장소로 여기는 이유는 조금만 관찰해보면 쉽게 알 수 있다. 첫 번째로는 무선인터넷의 영향이 크다. 인터넷과 노트북 사용 인구가 많은 우리나라에서는 자유롭게 장시간 머무르면서 무선인터넷 사용이 가능한 카페가 매력적인 장소일 수밖에 없다. 5,000원 안팎의 돈과 휴대폰, 무선인터넷이 되는 노트북 하나만 있으면 쾌적하고 제법 번듯한 사무공간이 된다. 이런 변화에 맞춰 카페들도 노트북 이용자를 위해 콘센트를 2~3배 늘리고 있고, 아예 노트북을 들고 오지 않아도 일할 수 있도록 컴퓨터를 비치한 곳도 있다. 이처럼 카페는 편의를 최대한 제공해 코피스족들을 주 고객층으로 끌어들이고 있다. 카페들은 커피'만'을 파는 곳이 아니라 커피'도' 파는 곳으로의 변신을 꾀하고 있다.

두 번째 이유는 카페가 지닌 중간적 성격, 직장과 집 사이에 있는 어중간한 장소라는 측면에서 기인한다. 집처럼 자유롭고 편안하면서도 직장에서의 압박감을 느끼지 않는 중립지대인 것이다. '공'과 '사'의 중간에 있는 제3의 공간, 미래에는 이런 어중간한 곳이 점점 중요해질 것이다. 활동적인 상태를 유지하려면 마냥 편안한 집도, 딱딱한 사무실도 아닌 중간적 장소가 좋다. 카페는 다른 사람의 시선으로 적당한 긴장감을 가지면서 스스로를 통제하기에 좋은 조건을 갖추고 있다. 게다가 카페에 흐르는 일정한 생동감과 개방적 분위기는 사무실이라는 답답한 공간보다 생각의 개방성과 효율을 늘리는 데 도움을 준다. 그래서 사무실이나 집에서는 막상 손에 잡히지 않던 일도 카페에 가면 쉽게 처리하는 경우가 많다.

사실 장소는 우리의 삶에서 매우 중요한 요소다. 장소가 지닌 의미를 느낄 수 있는 실험을 하나 살펴보자. 어느 날 지하철역에 가서 첫 번째로 눈에 띄는 사람에게 다가가 최대한 자신 있고 신뢰를 주는 태도로 이렇게 말해보라. "이 금 한 돈을 당신에게 1만 원만 받고 팔겠습니다." 아마 당신을 이상한 사람으로 여기곤 아무 대꾸 없이 그냥 지나갈 것이다. 그런 당신 또한 상대방을 이상한 사람으로 치부할 것이다. '아니 1만 원에 금 한 돈인데 이걸 무시하고 그냥 간다고?'라고 생각하겠지만, 지하철역에서 처음 본 누군가에게 선뜻 금을 사려는 사람은 없다.

그렇다면 이번에는 금을 들고 이웃집을 찾아가 이렇게 말해보자. "옆집에 사는 사람인데요, 제가 좀 급해서 그런데, 혹시 이 금 한 돈을 1만 원에 사시겠습니까?" 모르긴 몰라도 지하철역에서 본 반응보다는 한결 부드러울 것이다.

무슨 의미인지 이해가 되는가? 지하철역에서 상대방이 거부하는 것은 당신이라서가 아니다. 바로 장소와 환경이 당신을 거부하게 만든 것이다. 따라서 의도가 먹히는 곳에서 방법을 찾아야 의도하는 바를 이룰 가능성이 높다.

1927년 벨기에 브뤼셀에서 특별한 일이 일어났다. 세계 정상급 물리학자들이 모여 물리학 주제에 대해서 발표하고 토론하는 솔베이 회의가 열렸다. 제5차 솔베이 회의는 1927년 10월 24일부터 29일까지 브뤼셀에 있는 솔베이 연구소에서 열린 것이다. 이 회의에는 보어, 퀴리, 로렌츠, 플랑크, 하이젠베르크, 슈뢰딩거, 드브로이, 보른, 에렌페스트, 아인슈타인을 비롯한 당시 물리학계의 거물 29명이 참석했다. 이때 참석한 사람들 중 17명이 노벨물리학상을 받았다. 더 놀라운 사실은 이 17명 중 대다수가 솔베이 회의가 개최된 이후에 노벨상을 받았다는 것이다. 노벨상을 받았기 때문에 회의에 초청된 것이 아니라, 회의에 초대받고 이 장소에 함께 있었던 것에 자극을 받아 노벨상을 수상한 것이다. 오늘날 사람들이 카페를 매일 드나드는 것은, 제3의 공간으로서 의도하는 그 무엇을 충족할 수 있는 장소이기 때문이다.

카페 아닌 공간들이 카페 속으로

그러나 흥하는 곳이 있으면 쇠하는 곳도 있는 법. 이렇게 카페가 우후죽순으로 생겨나면서 우리 주변에 사라진 공간이 있다. 바로 독서실이다. 내가 학교 다닐 때만 해도 아파트 단지나 마을에는 독서실이 필수였다. 중·고등학교 때 독서실 정기권은 기본으로 가지고 있었다. 독서실은 공부만을 위한 공간이 아니라 때로는 친구를 만나는 공간으로, 집과 잔소리로부터 해방의 공간으로 작용했다. 요즘은 예전만큼 독서실 찾기가 쉽지 않다. 2016년 서울교육청에 따르면 2009년 1,150개에 이르렀던 독서실은 8년 만에 245곳이 폐업, 현재 905개가 남아 있는 것으로 나타났다. 이제 독서실은 고시원처럼 국가고시를 준비하는 사람들에게 적합한 주거 형태로 바뀌거나, 지금도 하나둘씩 사라지고 있다. 독서실이 사라진 것은 근본적으로 교육 제도의 변화도 있지만 독서실을 대신 할 수 있는 공간이 늘어났기 때문이기도 하다. 요즘같이 취업하기 어려운 시대에 독서실에 박혀 공부하는 것은 팔자 좋은 소리라고들 한다. 본인 스스로도 죄책감을 느낀다. 열심히 공부해도 개천에서 용 나는 시대가 아니기 때문이다. 그래서 그들은 알바에 뛰어든다. 그리고 열심히 번 돈으로 독서실 대신 좀 더 저렴한 카페에서 그 '어중간함'을 즐긴다.

요즘은 카페 문화를 모방한 프리미엄 독서실이 인기를 끌고 있다. 어두운 방에 칸막이 책상을 들여놓은 닭장 독서실은 사라지고 혼자만의 공간인 싱글룸, 4~5명이 함께 공부하는 큐브룸, 사방이 트여 있고 약간의 백색소음을 부여해주는 오픈룸 등과 같이 입맛대로 방을 골라 공부할 수 있다. 그 뿐만 아니라 스타벅스식 카페, 음식 코너, 스터디룸을 따로 갖추고 있다. 그냥 무조건 책상에 코 박고 공부하는 대신 여유를 느끼면서 공부하면 공부에 대한 부정적 요소를 줄일 수 있고 무엇보다 학습 효과를 극대화할 수 있다.

업무와 자기계발의 공간으로 카페를 선호하는 세 번째 이유는

'공동체 안에서의 고독communal solitude'의 욕구로 설명될 수 있다. 전통사회에서는 개인이 가족이나 마을의 공동체에 소속됐지만, 현재는 혼자서 생활하는 경우가 많다. 외로움을 싫어하는 사람들은 타인과 함께 있고 싶어 한다. 동시에 그들은 자신이 하는 일에 아무도 간섭하지 않기를, 지나친 관심을 갖지 않기를 바란다. 그런 맥락에서 대중으로의 소속감과 타인의 무관심이 공존하는 카페는 이를 잘 투영하고 있는 장소다.

아메리카노 한 잔에 5,000원 안팎, 어른들은 밥값보다 비싼 커피라며 혀를 끌끌 찬다. 하지만 그 돈이면 엉덩이를 붙이고 앉아 무언가에 집중할 공간을 누릴 수 있다. 커피 한 잔의 여유를 즐기고, 인터넷과 전기를 무료로 사용할 수 있다. 업무도, 회의도 가능하며 친구와 수다를 떨다가도 혼자만의 시간을 갖기도 한다. 그래서 카페는 도서관이자 데이트 장소, 스터디 공간, 휴식 공간이 되었다.

"브레인스토밍하고 싶을 땐 스타벅스에 가라"라는 말이 있다. 미국 시사주간지 〈타임〉지의 조언이다. 그러나 카페가 지닌 환경이 모든 사람의 집중력을 높이고 창조적인 아이디어를 준다고 단정 지을 수는 없다. 중요한 것은 폐쇄적인 환경이든 자유로운 분위기든 자신의 집중력이 최대한 발휘될 수 있는 공간을 찾아내는 일이다.

여기서 돌발 질문 하나. 스타벅스, 커피빈, 엔제리너스, 투썸플레이스 등 대부분 브랜드 카페에는 없는 것이 하나 있다. 그게 뭘까? 평소 약간의 관찰력만 발휘하면 쉽게 맞힐 수 있다. 정답은 시계다. 스타벅스는 커피를 팔지 않고 문화와 경험을 판다고 광고한다. 현대사회는 제3의 공간인 카페를 도심 속의 오아시스로 여긴다. 즉 쾌적한 인테리어, 귀가 즐거운 음악, 코끝을 자극하며 온몸의 활력을 되살려주는 커피 향기, 사람과 사람을 연결하는 매개체 역할을 하는 곳이 바로 카페다. 이처럼 카페를 찾는 고객은 커피를 마시는 것이 아니라 문화와 경험을 마신다. 그런 장소에 시계가 있다면 어떨까? 더 느긋해질 시간과 여유가 사라진다. 카페를 찾는 고객의 목적이 여유이기 때문에 시계가 없는 것이다.

2007년 커피전문점을 배경으로 한 드라마 〈커피프린스 1호점〉이 인기를 끌었다. 이후 도심뿐만 아니라 목 좋은 웬만한 곳에는 카페가 들어서기 시작했고 지금은 매일 수십만 명이 커피를 마신다. 아침을 커피로 시작하는 사람은 기본이고, 밥 대신 커피만 즐기는 사람도 적지 않다. 이렇듯 커피는 우리 삶 깊숙이 자리 잡았으며, 이제 카페는 일상의 일부분이 아닌 일상의 공간이 되었다.

매끄러움이 주는 탁월함

눈으로도, 손으로도 즐거운 매끈함

2014년 여름, 뉴욕은 제프 쿤스Jeff Koons의 도시였다. 뉴욕 뮤지엄에서 제프 쿤스의 회고전이 처음으로 열렸으며, 이는 미국 작가들을 소개하는 휘트니뮤지엄 사상 최대 규모의 회고전이었기 때문이다. 단연 주목을 받았던 것은 제프 쿤스의 대표적인 조각 작품인 〈풍선개Balloon Dog〉다. 2013년 11월 크리스티에서 제프 쿤스의 조각 〈풍선개〉는 생존 미술가 경매 사상 최고가인 5,840만 달러, 당시 한화로 약 592억 원에 팔렸다. 이로써 제프 쿤스는 영국의 살아있는 현대미술의 전설 데미안 허스트Damien Hirst, 독일 현대미술의 거장인 게르하르트 리히터Gerhard Richter와 함께 세계에서 가장 비싼 작가 트로이카가 됐으며, 미국에서는 팝아트의 선구자인 앤디 워홀Andy Warhol 이후 가장 성공한 미술가로 자리매김했다.

제프 쿤스의 작품 〈풍선개〉는 어떤 판단이나 해석을 요구하지 않는 듯하다. 그저 편안하고 아름다울 뿐이다. 작품의 규모도 인간의 3~4배 이상이어서 관람객의 대부분은 그의 작품을 보고 그저 "와!"라는 감탄사만 내뱉는다. 눈으로 느껴지는 매끈함은 시각뿐만 아니라 실제 촉각도 부드럽다. 작품 앞에서 그 매끄러움을 느끼고 있다 보면 고통과 번뇌가 사라지는 기분이 든다. 혹자들은 작품 〈풍선개〉의 통통함과 곡선이 에로틱한 느낌까지 준다고 말했다. 여기서 우리는 자연스레 의문 하나가 생긴다. 〈풍선개〉는 어떤 재질로 만들었을까? 당연히 말랑한 풍선 재질이라고 생각하겠지만 재질은 스테인리스로, 관람객들이 상상한 재질과 무게를 뒤집는다.

제프 쿤스는 왜 거울처럼 반짝이고 매끈하게 작품을 만들었을까? 우리 인간이 추구하는 아름다움은 부정성이 제거된 채 오로지 매끄럽고 긍정적인 면만 가지고 있길 원하기 때문이다. 그러한 인간의 이상적 아름다움이 자동적으로 자기 확신을 더욱 강화한다. 그래서 우리 사회는 추함, 공포, 무질서, 더러움, 경악을 불러일으키는 것들조차 매끄럽게 만든다.

제프 쿤스는 장난감이나 키치적인 대상들을 스테인리스나 자기 등 다양한 재료들을 사용해 세련되고 멋진 대형 조각품으로 바꾸어놓았다. 여기서 등장하는 키치Kitch란 독일어로 '저속한 것'을 뜻하며, 정통에 대한 이단이나 진짜에 대한 가짜를 의미한다. 또한 천박한 장식, 악취미를 대표하는 단어로 통용되기도 한다. 오늘날 제프 쿤스의 작품을 보고 열광하는 것은 키치적인 대상을 매끄러움과 아름다움으로 승화시켰기 때문이다. 이에 제프 쿤스는 예술이란 오로지 아름다움과 기쁨일 뿐이라고 말한다.

제프 쿤스가 지향하는 아름다움이란 매끄러움의 징표다. 매끄러움은 오늘날 우리의 삶을 연결하는 존재다. 매끄러움은 거침보다는 부드러움을, 공포보다는 순수를, 부정보다는 긍정을 강조한다. 어떤 불편함도 표현하지 않는다. 모든 부정성을 제거한 채 덮어놓고 '좋아요'를 추구한다. 현재 페이스북의 가입자는 15억 명이 넘는다. 페이스북이 세계 최대의 SNS로 성장할 수 있었던 것은 '좋아요' 버튼을 통해 사람과 사람 사이 매끄러움을 추구했기 때문이다. 페이스북은 자기 자신 그리고 자신을 닮은 사람들을 만나게 해준다. 여기에는 어떤 부정성도 존재하지 않는다. 긍정적이고 매끄러운 상호 표현에 초점을 맞추고 있기 때문에 내가 하는 이야기에 '좋아요'를 눌러주고 공감하는 사람들로 주변을 채워 네트워크를 이뤄나간다. 비록 가상이지만 사장과 말단 사원, 명예교수와 새내기가 친구로 불리는 사적인 공간이므로 판단이나 가치 평가보다 철저히 매끄러움의 매체로 운영된다. 이 때문에 이용자들은 거부감 없이 자기 노출을 할 수 있는 것이다.

그런 페이스북에 최근 '화나요' 버튼이 도입되었다. 앞으로는 어떻게 될까? '화나요'라는 것은 매끄럽지 않음을, 부정적인 생각을 내포한 표현이다. 매끄러운 대상은 자신에게 반하는 존재를 제거한다. 즉, 부정성이 제거되어야 한다. 따라서 이용자들은 '화나요'를 받지 않기 위해 소심해지는 경향을 보이게 될 것이다. 페이스북 CEO 마크 저커버그Mark Zuckerberg도 페이스북에 '싫어요'를 넣지 않은 것은 게시물에 대한 이용자의 태도가 호불호를 가리는 포럼으로 바뀌지 않기를 바랐기 때문이라며, 이는 우리가 만들고자 하는 세상이 아니라고 강조했다. 좋은 게시물이 있으면 공감해주고, 이용자들이 부드럽고 매끄럽게 이어지기를 원하는 것이 페이스북의 철학이다.

우리가 매일 지니고 다니는 스마트폰도 매끄러움의 미학을 추구한다. LG의 스마트폰 G플렉스는 심지어 스스로 치료하는 피부로 덮여 있다. 이 피부는 상처의 흔적을 순식간에 사라지게 해준다. 말하자면 불가침의 피부다. 이 인공 피부 덕분에 스마트폰은 항상 매끄러운 상태를 유지한다. 게다가 삼성 갤럭시 라운드와 갤럭시 엣지, LG V20은 본체가 유연하게 휘어지는 형태다. 둥글게 휘어져 있어 얼굴과 엉덩이에 완전히 밀착된다. 영국의 고급 차 브랜드 재규어는 매끄러움을 더한 기능이 돋보인다. 재규어 차의 기어 시프트는 스틱형이 아니라 원형인데, 평소엔 숨어 있다가 시동을 걸면 위로 솟아오른다. 재규어의 스포츠카 F타입은 도어 손잡이도 평소에는 안에 들어가 있다가, 운전자가 스마트키를 작동하거나 손을 대면 마치 인사하듯 톡 튀어나온다. 에어컨과 히터 송풍구도 작동할 때만 모습을 드러낸다. 윌리엄 라이온스 재규어 창립자의 '자동차는 인간이 만들 수 있는 생물生物에 가장 가까운 것'이라는 철학은 담은 디자인이다. 이런 밀착성과 무저항성이 인위적으로 가공됨이 없는 매끄러움의 본질적 특징이다.

세계적인 예술가들의 사랑을 받으며 20세기 최고의 상품 패키지이자 소비재 역사상 가장 아름다운 디자인으로 불린 이것은 무엇일까? 바로 '코카콜라 병'이다. 지난 2015년을 기준으로 코카콜라 병이 탄생 100주년을 맞았다. 100년 동안 총 3천억 개가 팔린 코카콜라 병은 1915년 인디애나 루트 유리 공장의 알렉산더 새뮤얼슨과 얼 딘이 만들었다. 당시 시장에 넘쳐났던 코카콜라 유사품과 구별할 수 있도록 어두운 곳에서도 모양이 느껴지고, 깨지더라도 원형을 쉽게 가늠할 수 있도록 디자인된 것이 최대의 특징이자 강점이었다. 무엇보다 코카콜라 병은 여성의 신체 곡선을 닮아 '콜라병 몸매'라는 말을 탄생시킨 독창적인 디자인으로 유명하다. 이러한 코카콜라 병도 매끄러움의 미학을 좇는다.

인간은 매끄러운 대상 앞에 서면 그것을 만지고 싶은 '촉각 강박'이 생겨나고, 심지어 그것을 핥고 싶은 욕망까지 느낀다. 매끄러움에는 부정성이 빠져 있다. 오로지 매끄러움의 긍정성만이 촉각 강제를 불러일으킨다. 코카콜라 병의 촉감을 통해 넘겨진 콜라의 내용물은 상쾌함을 안겨준다. 어떤 이에게는 전율까지 느끼게 해준다. 잘 알려져 있듯이 코카콜라 병이 영화·디자인·순수 예술을 비롯한 다양한 분야의 예술가들에게 영감을 주며 화제를 불러일으킨 것은 매끄러움이 가져다주는 속성 덕분이다.

퍽퍽하고 거친 사회에 살아서

오늘날 우리 인간은 아름다운 것뿐만 아니라 추한 것도 매끄럽게 다듬는다. 무서운 것, 악마적인 것, 끔찍한 것, 더러운 것의 부정성을 거부하고 매끄럽게 다듬는 데 상당한 공을 들인다. 그런데 이러한 맥락에 반하는 작품이 있다. 뉴욕 레버하우스Lever House에 위치한 데미안 허스트의 〈Virgin Mother〉는 신선하지만 엽기 자체다. 낙태에 대한 의견을 담은 작품으로 반은 임신부의 정상적인 모습을, 반은 피부를 벗겨낸 몸속 상황을 적나라하게 보여준다. 이 조각을 보는 사람들 대부분은 혐오스러워한다. 이 작품에서 매끄러움이란 읽을 수 없다. 만지고 싶은 마음은 절대 들지 않는다. 그렇다면 이 작품은 예술이나 미술이 아니라고 할 수 있을까? 아름답지 않다고 해서 미술이 아니라고 할 수 있을까?

그러나 우리는 제프 쿤스처럼 매끄러움만 추구하려 한다. 왜냐하면 오늘날 우리 사회가 성과를 지향하는 사회이기 때문이다. 성과사회는 '~해서는 안 된다'는 부정성보다는 '~해야 한다'는 긍정성이 중심에 자리 잡고 있다. 성과사회는 정해진 목표를 달성했을 때만 달콤한 꿀이 주어진다. 그것은 매끄러움을 가속화한다. 목표를 달성하지 못했을 때는 규율로 인한 부정성, 즉 매끄럽지 못함이 범죄자를 양산하게 된다. 성과를 달성하지 못하면 가정에서는 물론 사회에서도 필요 없는 존재가 되기 때문이다. 그 대상은 범죄자와 다름없다.

또한 성과사회는 사람들을 개별화하고 고립하는 고독한 피로를 안겨준다. 그래서일까. 혼밥(혼자 밥 먹기), 혼술(혼자 술 마시기), 혼창(혼자 노래 부르기), 혼영(혼자 영화 보기), 혼캠(혼자 캠핑 가기), 혼놀(혼자 놀기), 혼클(혼자 클럽 가기) 등 혼자 놀기가 피로한 일상의 사회를 대변한다는 문화로 등장했다. 얼마 전, 제주도에 살고 있는 가수 이효리가 방송에서 "조용히 살고 싶지만 잊히고 싶지는 않다"라고 말했다. 외로운 건 싫지만 혼자이고 싶다는 욕망이다. 20

대들이 즐겨 듣는 노래를 들어보면 그 욕구가 더욱 두드러진다. 가수 백아연의 '쏘쏘'라는 노래에는 이런 가사도 나온다. "혼자인 것도 so so, 혼자인 게 외롭지는 않아 so so."

이들이 다른 사람과 어울리지 못하는 이유는 인간관계에 문제가 있어서가 아니라 그럴 필요성을 느끼지 못하기 때문이다. 나아가 이 사회 특유의 과도한 경쟁, 타인의 시선 등이 사람을 피로하게 만들었기 때문이다. 이제 혼자 노는 문화가 단순한 트렌드가 아니라 새로운 형태의 사회적 패러다임으로 자리 잡는 시대다. 상호관계를 통한 소통은 불필요함을 양산한다. 굳이 시간과 돈을 낭비하면서 타인의 시선까지 고려해 관계에 열중하고 싶지 않은 것이다. 그것은 자신의 모습에 대한 부정이며, 매끄러운 행위로 느껴지지 않기 때문이다.

그렇다면 과연 진정한 매끄러움이란 무엇일까? 믹서는 현대 주방용품의 필수품이다. 야채나 과일을 갈고 섞는 기능은 지역과 국가를 막론하고 요리에 중요한 역할을 한다. 믹서의 원형은 맷돌이다. 전통 맷돌은 울퉁불퉁한 두 개의 돌이 위아래로 놓여 가운데 뚫린 구멍으로 재료를 넣어 손잡이를 돌리면 잘게 부수는 역할을 한다. 전통 맷돌은 표면이 매우 거칠다. 음식을 갈 때 무거운 소리가 나야 하고, 손잡이를 돌릴 때에는 어느 정도의 힘이 가해져야 한다.

이러한 과정은 매끄러움의 미학과는 거리가 멀어 보인다.

거친 맷돌이 부드러운 믹서로 탄생한 것은 1919년 미국에서 스테판 파블라스키가 개발한 후 윌리엄 버나드가 1937년에 처음 만든 비타믹스Vitamix다. 이후 경쟁사가 이어 맞서 세련되고 매끄러운 첨단 디자인의 믹서를 개발했지만 역부족이었다. 비타믹스의 믹서는 켜고 끄는 스위치, 1에서 10까지 속도를 조절하는 장치, 믹서의 핵심기능인 칼날의 강도와 섬세한 디자인에서 뛰어난 경쟁력을 자랑한다. 80년이 넘은 지금도 고객들은 비타믹스를 여전히 선호한다. 비타믹스는 겉으로 보이는 세련됨과 화려함을 버리고 강한 모터와 직접 연결된 세밀한 칼날을 선택했다. 경쟁사가 추구하는 외형적 매끄러움보다 본질적 매끄러움을 택하면서, 진정한 가치를 느끼게끔 만든 것이다.

사람들은 열심히 찍고 편집해 자신의 매끄러운 모습만 타인에게 보여주려고 한다. 진정한 자아, 있는 그대로의 자신의 모습은 숨겨둔 채 공허한 자신의 형태를 생산한다. 이것은 그저 매끄러움이다. 진정한 매끄러움은 외부의 시선 때문에 내면의 구성을 감추려 하지 않는다. 있는 그대로를 가공 없이, 편집 없이 드러내는 것이 매끄러움이다. 이러한 매끄러움에는 번뇌나 두려움이 없다. 상상의 내가 아닌 현실의 내가 되는 것이다. 진정한 매끄러움이란 부정과 공포, 추함, 더러움, 경악을 포함한다. 이러한 요소들이 모두 자리 잡았을 때 매끄러움의 미는 극대화된다. 그것이 예술이든 인생이든.

있어빌리티라는 환상

너의 죄, 럭셔리로 사하노라

2015년 우리나라에서 가장 많이 팔린 수입차는 어떤 브랜드일까? 바로 폭스바겐의 티구안 2.0 TDI 블루모션이다. 티구안은 BMW, 메르세데스 벤츠를 꺾고 총 9,467대가 팔렸다. 배출가스 저감장치 조작 논란이 불거졌음에도 불구하고 판매된 수치다. 전 세계 시장에서 고전하는 폭스바겐이 유독 우리나라에서는 승승장구하고 있다. 폭스바겐에 쏟아지던 소비자의 반감을 할인 행사로 잠재우면서 수입차를 사려는 고객들을 대거 끌어들였기 때문이다. 논란에도 불구하고 2016년 상반기에 가장 많이 팔린 수입차는 폭스바겐

티구안이었다. 미국, 일본, 브라질, 러시아에서 폭스바겐에 대한 불신으로 판매 실적이 곤두박질친 것과는 대조되는 모습이다.

물론 국내에서도 배기가스 조작 사태가 한창이던 2015년 10월, 판매량이 전월 대비 70퍼센트 가까이 추락했었다. 판매 대수가 급감하자 다급해진 폭스바겐 코리아는 전 차종을 대상으로 특별 무이자 할부 카드를 꺼내들었다. 현금 구매 고객에게도 같은 혜택이 제공돼 최대 1,772만 원 할인이 가능했다. 이 때문에 국산 중형차를 살 돈으로 할부, 할인 등을 받으면 폭스바겐 차량을 살 수 있었고, 한 달 만에 판매량은 4배 이상 늘었다. 이에 재미를 붙인 폭스바겐은 그 뒤로도 판매가 부진하다 싶으면 할인 행사로 돌파구를 찾았다. 국내에서 월 평균 3,000대가량을 판매하고 있던 폭스바겐은 평년 수준 회복뿐만 아니라 월간 최고 수준의 실적이라는 반전을 이뤄냈다.

사람들은 윤리와 자기 이익이 충돌할 경우 대개 후자를 택한다. 머릿속에서 윤리의 정당성을 따져보다가도 이내 자기 잇속을 우선하는 것이 인간의 맨얼굴이다. 폭스바겐 차를 사지도 않았을뿐더러, 자신은 꽤나 윤리적이라고 생각하는 사람들에겐 선뜻 와 닿지 않는 이야기일 수 있다.

그럼 이런 질문을 던져보자. "착한 기업과 착하지 않은 기업이 있다면 당신은 어느 회사에서 만든 물건을 사겠는가?" 아마 착한 기업의 제품일 것이다. 그렇다면 질문을 바꿔서 "착하지 않은 기업에서 착한 기업보다 더 싸고 좋은 물건을 만든다면 그때는 어떤 선택을 하겠는가?" 이런 선택 앞에 선다면 고민할 수밖에 없을 것이다.

이처럼 자신에게는 관대한 잣대를 적용하면서, 정작 비윤리적 행위를 깨닫지 못하는 상황을 '블라인드 스폿blind spot'이라고 한다. 자신의 이익을 우선하느라 미처 보지 못하는 윤리적 사각지대인 것이다. 보지 않는 곳에서 이뤄지는 비윤리적 행위는 알아차리기도 어렵고, 일정 시간이 지나고 나면 사람들은 자연스럽게 합리화하는 경향을 보인다.

실제로 폭스바겐 차를 구입한 소비자 다수의 생각은 다음과 같지 않을까. '자동차는 잘 달리고 연비 좋고 가격 저렴하면 최고 아닌가? 물론 환경 문제를 생각하면 찝찝하지만 당장 눈에 띄는 것도 아니고, 미래를 위하라고 하는데 지금 우리 가족, 나 하나 챙기기도 버겁다. 그리고 비윤리적 기업이 폭스바겐뿐인가?'

문제는 이런 블라인드 스폿이 개인의 문제로만 끝나지 않는다는 데 있다. 이익만 된다면 모든 게 용서되는 곳이 한국이라고 기업들이 인식한다면 어떻게 될까? 이미 한국에 들어온 글로벌 기업은 물론, 향후 한국에 입성하는 기업들도 '한국 소비자는 원래 그래'라며 비윤리적 마케팅과 경영을 서슴지 않을 것이다.

대표적인 기업이 스웨덴의 가구업체인 이케아IKEA다. 2016년 미국과 캐나다에서는 이케아의 말름 서랍장의 사고 가능성을 문제 삼으며 리콜을 실시했다. 2015년 미국에서 이케아 서랍장이 넘어져 아이 2명이 사망하는 사고가 발생했고, 이후 또다시 아이 1명이 해당 서랍장으로 인해 사망했다. 사고가 계속 발생하는 원인을 알아보니 성인보다 위험인지 능력이 낮은 어린이가 벽에 고정되지 않은 서랍장의 서랍을 열고 발판 삼아 위로 올라가려고 시도한 일이 많았기 때문이었다. 이 경우 서랍의 무게중심이 어린아이 쪽으로 쏠려 아이에게 서랍장이 엎어질 수 있다.

문제는 말름 서랍장을 한국에서는 리콜하지 않았다는 것이다. 이케아는 한국에서 유사한 사고가 발생한 사례가 없기 때문이라고 밝혔다. 아이가 사망을 해야 리콜이 가능하다는 논리인 건지, 사고의 원인이 한국은 피해 갈 거라는 소린지, 이해가 되지 않는다.

스웨덴 이케아 본사에서는 크레용을 개발할 때 아이들이 입에 넣을 수 있기 때문에 인체에 무해한 재료를 쓴다며 어린이의 안전을 최우선으로 고려한다고 말했다. 말로는 안전을 외치면서 막상 실제 사고가 생기면 외면해버린다. 이 역시 블라인드 스폿의 전형이다. 참고로 미국과 캐나다에서 대규모 리콜 결정이 내려진 이케아 말름 서랍장은 우리나라에서도 약 10만 개가 팔렸다.

돈이면 다 해결되는 한국의 이미지는 우리 모두를 매우 불행하게 만든다. 이케아의 경우와 같이 폭스바겐은 미국 소비자들에게 차량 환불은 물론 총 102억 달러, 약 12조 원에 달하는 추가 배상금을 지불했다. 그러나 한국에서는 불성실한 리콜 계획서를 제출해 환경부로부터 세 차례나 퇴짜를 맞았다. 한국 소비자를 대상으로 한 금전적인 배상 계획도 내놓지 않았다. '배 째!'라는 전략은 기분 나쁘게도 한국에서만 먹힌다.

'배 째!' 전략에 대책 없는 이유

요즘 우리의 일상은 페이스북, 트위터, 인스타그램, 카카오스토리 등 SNS와 매우 밀접하게 맞닿아 있다. 타인의 삶을 엿보는 동시에 타인에게 자신의 근황을 알릴 수 있는 도구를 손에 쥔 사람들은 틈만 나면 SNS에 접속해 타인의 삶을 보고 자신의 삶을 전시한다. 그런데 SNS를 하다 보면 '이게 정말 내 본모습인가?' 하고 놀랄 때가 있다. 멋진 나, 착한 나, 정의로운 나, 풍요로운 나, 똑똑한 나… 부끄럽고 감추고 싶은 내 모습은 어디에도 없고, 그럴듯한 내 모습만 편집해 채운다. 정도의 차이가 있을 뿐, SNS 이용자라면 누구라도 공감할 것이라 생각한다.

이처럼 치부를 감추고 좋은 것만 보여주려는, 편집된 '나'를 만드는 능력을 두고 '있어빌리티'라고 한다. '있어 보임'과 '능력'을 뜻하는 영어 단어 '어빌리티ability'를 결합해, 있어 보이도록 하는 능력을 말하는 요즘식 표현이다. '있어 보임'은 '있다'와는 전혀 다른 의미다. 실제로는 없지만 있는 것처럼 보인다는 것이기 때문이다. 있어 보임에는 좋게 말해 환상이, 나쁘게 말해 거짓이 있다. 타인의 시선을 의식해 현실에서의 자기 자신보다 더 '있어 보이기를' 원하는 현대인들에게 있어빌리티는 일종의 화장술이자 포장술인 셈이다.

일본의 경제 규모는 한국의 세 배가 넘는다. 일본의 인구수 또한 1억 2,600만 명으로 우리나라 인구의 세 배에 달한다. 국민소득은 1만 달러 이상 차이가 난다. 그렇다면 독일의 대표적인 명차로 불리는 메르세데스 벤츠는 둘 중 어느 나라가 더 많이 살까? 2017년 6월 벤츠는 우리나라에서 7,783대를 팔았다. 수입차 업계 역사상 한 달 기준 최대 실적으로, 전체 수입차 판매량(2만 3,755대)의 33퍼센트에 해당하는 수치다. 우리나라보다 경제 규모나 인구수에서 월등히 앞서는 일본보다 1,283대가 더 팔렸다. 한국의 벤츠 글로벌 시장은 중국과 미국, 독일, 영국에 이어 다섯 번째로 크다. 저성장, 불경기에 허덕이고 있는 한국경제의 악조건 속에서 이러한 판매 결과를 낳은 것도 있어빌리티의 일면이라고 볼 수 있다.

타인의 눈을 의식하는 한국인에게는 남다른 측면이 있다. 이상적인 사회 규범을 정해놓고 그 기준에서 벗어나지 않아야 대접을 받다 보니, 늘 남과 비교하는 특성이 몸에 밴 것이다. 개인의 희망보다 타인의 기준에 맞춰 대학은 서울로, 취직은 대기업으로, 결혼은 일단 조건부터 등등. 친구가 명품을 차고 있다면 할부로라도 구입해야 직성이 풀린다. 남들도 타는 외제차, 나도 폭스바겐과 벤츠를 사야 같은 부류에 낄 수 있다고 생각한다. 아니라고 부정하고 싶겠지만, 이런 생각을 갖고 사는 사람이 우리 주변엔 의외로 많다. 나의 본모습보다 남에게 보이는 모습, 자신의 대외적인 이미지에 더 집착하기 때문이다. 이러한 현상이 한국인에게는 유독 강하게 나타난다. 그러니 폭스바겐, 이케아 등 기업들이 '배 째!' 전략을 쓸 수 있는 것이다.

작은 거짓도 '거짓'이다

현대 심리학에 '워비곤 호수 효과Wobegon lake effect'라는 개념이 있다. 이 효과는 1973년 미국의 한 라디오 진행자인 개리슨 케일러Garrison Keiller가 '워비곤 호수 소식'이라는 코너를 진행하면서 "워비곤 호숫가에 사는 남자들은 모두 잘생겼으며 모든 여자들은 강하고 모든 아이들의 지능은 평균 이상이다"라고 묘사한 데서 유래했다. 일반적으로 90퍼센트의 사람들이 자신을 상위 10퍼센트라고 인식한다. 그러니 있어 보이게 행동하는 것은 당연하다고 생각한다.

있어 보이기 위해서는 약간의 거짓이 동반되어야 한다. 그래야 평판이 훼손되지 않기 때문이다. 예를 들어 당신에게 "세계적 경제학자인 토마 피케티Thomas Piketty의 《21세기 자본》을 읽어보셨어요?"◆ 라고 묻는다면 "읽어봤다"거나, 아마 "대충 알고는 있다" 정도로 대답할 것이다. 이 책을 읽지 않았지만 왜 거짓말을 하게 되는 것일까? 바로 여기서 평판이 작용한다. 어느 정도 교양 지식을 갖추고 있는 사람, 즉 있어 보여야 하는 위치에 있는데 전혀 모른다고 하면 자신의 평판이 훼손될 거라 생각하기 때문에 거짓말을 자행하는 것이다. 별 스스럼 없이.

이러한 현상은 소득의 수준이나 사회적 위치와 상관없이 모든 사람들에게 나타난다. 멕시코에서는 복지 프로그램 개선을 위해 10만 명을 대상으로 '집에 실제 보유하고 있는 가전제품의 목록들을 체크해보라'고 했더니, 지원자의 84퍼센트가 실제 보유하고 있지 않은 가전제품까지 체크해 목록을 제출했다.

호주의 한 연구에서는 의사들이 직접 작성한 서류에서 손 씻는 사람의 비율은 73퍼센트로 집계된 반면, 같은 의사들을 직접 관찰

◆ 파리경제대 교수의 저서로, 자본 수익률이 경제 성장률보다 높아지면 자본을 소유한 최상위 계층에 부가 집중된다는 것이 주요 골자다. 《21세기 자본》은 2008년 금융위기 이후 조명된 불평등 문제를 300년 동안의 역사적 통계를 통해 분석하고, '1945~1975년 이후 불평등이 심화되고 있으며 이는 21세기도 지속될 것'이라고 전망한다. 또 20여 개국의 경제지표를 분석해 각 국가의 소득분배 불평등을 확인하였다. 이 책은 2014년 아마존에서 베스트셀러 1위에 오르면서 전 세계적인 관심을 받았다.

했을 때 실제로 손을 씻는 비율은 9퍼센트에 불과한 것으로 나타났다. 자신의 행위가 대중에게 노출될 때 사람들은 모든 자원을 동원해 거짓으로 포장한다. 거짓이 드러나면 자신의 평판은 물론 워비곤 호수 효과와 있어빌리티가 사라지기 때문이다.

물론 이 사실을 당사자는 알고 있다. 다음의 질문에 대해서 당신은 어떻게 생각하는가? 사과가 5퍼센트는 썩고 나머지 95퍼센트는 멀쩡하다고 하자. 당신은 이 사과를 썩은 사과로 보는가, 아니면 성한 사과로 보는가? 생각해보면 95퍼센트는 괜찮으므로 성하다고 할 수도 있다. 그러나 상품으로 내놓을 땐 그렇지 않다. 1퍼센트라도 썩었다면 사람들은 그것을 결코 성한 사과로 보지 않는다.

이러한 원리는 개인의 판단과 기업의 영업 행위에도 그대로 적용된다. 만일 어떤 사람이 95퍼센트는 참을 말하고 5퍼센트는 거짓을 말한다면 사람들은 그 사람의 말을 95퍼센트만 믿는 게 아니라 전체를 믿지 않는다. 그 사람은 95퍼센트나 참을 말하고 있으므로 꽤나 정직한 사람이다. 그럼에도 불구하고 사람들은 그를 거짓말쟁이로 생각한다. 가장 열악한 부분이 전체를 규정해버리는 것이다. 이러한 진리를 폭스바겐과 이케아는 알고 있을까.

나도 못 지키는 나약한 나

내가 제일 욕심나는 건 나

나는 대학 학부 시절 총학생회장을 역임했다. 총학생회장은 1년 학비를 면제받고 대외 활동비, 대학 전체의 학생회 관련 의사결정권, 수억 원이 넘는 학생회비 집행권, 여러 부서와의 회의, 대·내외 홍보 인물 선정 등 막강한 권한과 부가적 혜택을 받는다. 물론 학생들을 위해 최선을 다해야 한다는 막중한 의무도 있다.

세월이 많이 지나 고백하건대 사실 총학생회장을 한 번만 딱 하고 나니 너무 아쉬웠다. 한 번 더 해보고 싶고, 한 번 더 하면 더 잘할 수 있을 것 같았다. 당시 반신마비가 올 정도로 무리한 적도 있지만 아무래도 총학생회장의 자리는 아쉬움이 남는 자리였다.

앞서 이야기했던 매슬로의 욕구 5단계의 원리를 좀 더 자세하게 살펴보자. 욕구는 행동을 일으키는 동기 요인이며, 인간의 욕구는 충족되는 정도에 따라 낮은 단계에서 높은 단계로 성장한다. 1단계 욕구는 최하위인 생리적 욕구, 2단계는 안전에 대한 욕구, 3단계는 애정과 소속에 대한 욕구다. 4단계는 자기존중의 욕구로 소속 단체의 구성원으로 명예나 권력을 누리려는 욕구, 5단계는 자아실현의 욕구로 자신의 재능과 잠재력을 발휘해 이룰 수 있는 모든 것을 성취하려는 최고 수준의 욕구다.

여기까지가 우리가 교과서에서 배운 내용이다. 그러나 막상 현실에서는 5단계인 자아실현의 욕구에서 끝나지 않는다. 인간은 5단계 욕구가 충족되면 그로 인해 실현된 자아를 지속하고자 한다. 내가 총학생회장을 또 하고 싶어 했던 것처럼 말이다. 이 단계가 바로 6단계인 '자아존속의 욕구'다. 우리 인간의 행위를 관찰해보면 자아존속의 욕구를 지키기 위해 부단히 노력한다는 걸 알 수 있다.

실현을 넘어 '존속하기'란

#1

서아프리카 부르키나파소Burkina Faso에서 27년 동안 장기 집권한 블레즈 콩파오레Blaise Compaore 대통령이 거센 연임반대 시위에 이은 군부 쿠데타로 끝내 축출됐다. 쿠데타로 정권을 잡은 콩파오레 대통령은 자신도 군에 의해 권좌에서 내려오게 됐다.

콩파오레는 31일 부르키나파소 국영 TV를 통해 발표한 성명에서 "대통령직에서 물러난다"며 90일 안에 선거를 치르게 해달라고 요청했다고 AP통신이 전했다. 앞서 부르키나파소 군 관계자는 이날 수만 명의 시위대 앞에서 "콩파오레는 더 이상 권력을 갖고 있지 않다"고 말했다.

군인 출신인 콩파오레는 1987년 쿠데타를 일으켜 전임 대통령인 토마스 상카라를 살해하고 정권을 잡았다. 1991년 야당의 불참 속에 진행된 선거에서 대통령에 당선, 이후 헌법 개정 등을 통해 네 번 연임에 성공했다. 그는 현행 헌법에 따르면 더 이상 연임이 불가능해 내년에는 대통령직을 내려놓아야 한다. 하지만 콩파오레는 대통령 연임 제한을 철폐하는 개헌을 추진했고, 결국 장기 집권에 지친 시민들이 들고일어났다.

반정부 시위는 의회가 개헌안을 표결에 부치기로 한 30일에 정점으로 치달았다. 시위대는 표결을 저지하기 위해 의사당에 몰려가 불을 지르고, 방송국을 장악하는 한편 대통령궁을 습격하기도 했다. 정부 대변인은 시위대에 못 이기고 결국 "헌법 개정안을 철회했다"고 밝혔지만 시위대는 "대통령이 퇴진하기 전에는 물러나지 않을 것"이라고 맞섰다.

그 틈을 타 군부가 나섰다. 군부는 정부와 의회를 해산하고 "1년 안에 선거를 치르겠다"고 발표했다. 콩파오레 대통령은 "1년 후 과도 체제가 끝날 때까지 정부를 이끌겠다"며 사임을 사실상 거부했다. 시위대와 야권은

이 계획에 반발하며 "즉각 사임"을 요구했다. 군부의 통행금지 조치에도 시위대는 다시 모여 격렬한 시위를 벌였고, 결국 콩파오레는 27년 만에 권좌에서 내려오게 됐다.

#2

2016년 7월 15일 밤에 발생한 터키 군부의 쿠데타는 '제왕적 대통령'으로 군림한 레제프 타이이프 에르도안Recep Tayyip Erdogan 터키 대통령의 이슬람주의 강조에 대한 불만 표출이었다. 터키에서 쿠데타가 발생한 것은 총 7번이다.

이스탄불 시장 출신인 에르도안 대통령은 2003년 총리가 되면서 '절대 권력'을 다지기 시작했다. 에르도안 대통령은 헌법 개정을 통해 7년 단임제였던 대통령직을 5년 중임제로 바꾸고 장기 집권을 이어가고 있다. 일각에서는 '독재자'로 불리기도 하지만, 터키의 경제를 부양했다는 이유로 대중의 지지를 얻어왔다. 총리와 대통령을 번갈아가며 4번 선출됐고, 집권 13년째다.

#3

10대 청소년들의 유행을 선도해왔던 미국 유명 패션그룹 아베크롬비&피치Abercrombie&Fitch의 CEO 마이크 제프리스Mike Jeffries가 22년의 집권에도 내려오지 않으려고 안간힘을 쓰고 있다. 제프리스는 지난 20년 동안 큰

로고와 선정적인 광고 등을 내세워 아베크롬비를 10대들이 선호하는 세련된 브랜드로 만들어 존경을 받아왔다. 그러나 무리한 해외 사업 확장과 어설픈 브랜드 론칭 등으로 회사는 하락세로 돌아섰다. 아베크롬비는 11분기 연속 판매가 감소한 데다 지난해엔 이익이 급감했다.

제프리스는 끊임없는 이사회의 사퇴 압력을 받아왔다. 그는 반항심으로 뚱뚱하고 못생긴 고객들은 옷을 입지 말라는 내용의 외모 차별 발언을 쏟아내면서 아베크롬비 불매 운동에 불을 붙이기도 했다. 결국 제프리스는 1992년 이후 22년간 머물렀던 아베크롬비를 떠났고, 그의 사퇴 소식 이후 소매업체의 주가가 9.8퍼센트 급등하기도 했다.

#4

홍성창 씨는 대기업 S물산에서 경험을 쌓고 산업통상자원부가 출연한 재단법인의 센터장으로 취임했다. 그의 역할은 다양한 기업지원 행사와 기술이전, 기술발굴마케팅, 정책자금 연계 등을 총괄하는 것이었다. 그런데 자금횡령, 일감 몰아주기 등 비도덕적 행위가 드러나면서 인사위원회를 거친 후 옷을 벗어야 했다. 하지만 그는 승복하지 않았다. 자신의 행위는 정당 범위였다고 주장하며 해당 조직과 시청, 청와대 등에 진정서를 넣고 반대 현수막을 걸고 거칠게 저항했다. 그의 행적을 조사해보니 전 조직인 S물산에서도 그런 행동을 보였었다.

1번부터 4번까지의 사례는 우리 일상에서 어렵지 않게 접할 수 있는 소식들이다. 4번은 내가 간접 경험한 실제 사례다. 실현된 자아를 어떻게든 지속하기 위한 인간의 피나는 노력은 이뿐만이 아니다. 국회의원에 재선, 3선까지 하고도 5선, 6선까지 당선되기 위해 애를 쓴다. 국민이 원치 않아도, 국민이 선출하지 않아도 국회의원처럼 행동한다. 회사 임원들 또한 방출되지 않기 위해 부하 직원의 어려움은 생각지도 않고 회사 전체, 해당 부서의 단기 성과에만 집중한다. 이처럼 인간은 특별한 이득이나 손해가 주어지지 않는 이상 현재 성립된 행동들을 바꾸지 않고 지키려는 경향을 가지고 있다. 이를 심리학에서는 '현상유지편향status quo bias'이라고 한다.

크네시와 신낸의 실험에서도 비슷한 결과가 나타났다. 실험 참가자를 3개 그룹으로 나눈 다음 1번 그룹에게는 시계를 주면서 머그컵과 교환해도 된다고 했다. 2번 그룹은 첫째 그룹과 반대로 머그컵을 주면서 시계와 교환할 수 있는 기회를 주었다. 단, 시간이나 비용은 무시해도 되는 조건이다. 그리고 3번 그룹은 두 가지 물건 중에서 자신이 좋아하는 것을 선택하게끔 했다.

실험 결과, 1번 그룹은 머그컵으로 교환하지 않고 시계를 선호했다. 비율로는 89퍼센트에 해당된다. 2번 그룹도 90퍼센트가 당초 받은 머그컵을 선택했다. 2번 그룹도 시계와 교환하기를 원치 않았다. 3번 그룹은 거의 반반 비율로 선택했다. 시계보다 머그컵을 선호하는 사람은 첫째 그룹에서 11퍼센트, 둘째 그룹에서 90퍼센트로 크게 차이가 났다.

실험에서 살펴봤듯이 인간은 물건이나 재산·지위·권리·의견을 실제로 소유하고 있을 때는 그것을 지니고 있지 않을 때보다 그 자체를 높게 평가하고, 현재 상태를 지키기 위해서 주저하지 않는다. 이러한 현상유지편향은 정치적·경제적·사회적 분야 등 모든 분야에서 관찰, 이용되고 있다.

현실에서는 달성된 자아의 현상을 유지하기가 결코 쉽지 않다. 자아를 실현하기도 힘든데, 유지하기란 더더욱 어려운 일이다. 그 이유는 두 가지로 요약해볼 수 있다. 우선 첫 번째 이유는 점점 빨라지고 있는 '클락스피드clockspeed'다. 미국 MIT대학교의 찰스 파인Charles Fine 교수는 산업이 진화하는 속도를 '클락스피드 이론'으로 설명했다. 이는 기업의 흥망성쇠를 좌우하는 중요한 지표로 알려져 있다. 클락이란 반도체에서 신호 '0' 또는 '1'을 읽어들이는 기준이 되는 시간인데, 노이즈로 인해 신호가 클락스피드에 맞지 않으면 오류가 발생한다. 전자제품에 사용되는 클락스피드가 점점 빨라지고 있는 것처럼, 비즈니스 세계도 마찬가지다. 클락스피드가 가장 빠른 산업이 패션이다. 거의 매일 다른 디자인, 다른 소재가 나오고 있다. 이러한 시장 환경의 변화 속도에 적응하는 것은 어느 기업에게나 결코 쉽지 않다.

두 번째로는 까다롭고 천차만별인 고객의 입맛이다. 1990년까지만 해도 가격과 품질이 적당한 제품은 고객의 관심을 살 수 있었다. 그러나 공급 과잉과 다양한 제품의 출시로 인해 저가격, 고품질을 요구하는 고객이 점점 많아졌다. 게다가 제품의 사용 기간이나 서비스의 만족 기간 또한 줄어들면서 기업의 혁신활동은 수요자의 요구를 선도하지 못하는 시대가 되었다.

화성에서 온 선배, 금성에서 온 후배

상황이 이러하니 아예 자아실현의 정도를 낮게 잡는 것이 최근의 추세다. 오죽하면 가늘고 길게 가자는 '출포족(출세를 포기한 사람)'이라는 말이 유행처럼 번지고 있다. 자아실현의 목표를 높게 잡았다가 유지하지 못한다면 큰 손해와 실패를 입을 것이라고 생각하기 때문이다. 특히 요즘 젊은 공무원들에게서는 편한 보직을 찾는 기류가 뚜렷하게 드러난다. '가늘고 길게' 가자는 풍조가 퍼지면서 핵심 부서나 승진 코스가 아니더라도 여유로운 생활이 가능한 부서로 몰린다. 불과 몇 년 전만 해도 '밤낮없이 일하면 부귀영화를 누릴 수 있다'는 주의였는데 이제는 "뭐하러 몸 바쳐 일하냐"며 반문한다.

공무원 사회의 세대 갈등은 민간 기업 이상으로 심하다. 사명감으로 일한 선배들은 불만스러워하고, "천지가 개벽했는데 윗사람은 변한 게 없다"며 후배들은 반발한다. 누가 옳고 누가 그릇됐는지를 따지는 게 아니다. 과거에 비해 공직자의 매력이 줄어들었고 미래는 불확실하니 후배 입장에선 당연하다고 생각하는 거다.

공직 사회뿐만 아니라 민간 기업도 마찬가지다. 직원들은 "월급을 받을 만큼만 주어진 일을 착실히 하면 충실한 것 아니냐", "야근을 미덕으로 여기는 풍조가 비정상"이라고 주장한다. 먹고살기도 힘든데 공동 가사, 공동 육아까지 해야 하니 더더욱 힘들다. 자아를 실현해 유지하는 데 많은 노력을 들이는 것보다, 적당한 수준에서 큰 스트레스 없이 현실에 안주하면서 사는 것을 선호하게 되었다. '개천에서 용 나는 시대'는 이제 끝난 것이다.

2장 가까운 돈

KING BURGER
BURGER
DRINK
ORDER
Beauty
DELIVERY
RENT CAR
NEW & CHEAP

13 : 20
부동산
규제 무색
강남 재건축 최고 경쟁률

Beauty & Shop

선택하는 부자,
끌려가는 가난

상속자들의 나라, 한국

요즘 한국을 '금수저의 나라' 또는 '헬조선Hell朝鮮'이라며 자조하는 사람이 많다. 먹고 살기 힘든 나라로 한국을 비하하는 신조어들이 확산되자 한때 박근혜 전 대통령은 '헬조선'이라는 유행어를 정면으로 반박하기까지 했었다. 하지만 다음의 통계결과를 보면 이런 말이 나올 만도 하다. 경제 전문지 블룸버그가 2016년 초에 발표한 자료에 따르면 2015년 12월 30일 기준 세계 부호 상위 400명을 부의 원천에 따라 분류했을 때 259명(65퍼센트)은 자수성가형이고, 나머지 141명(35퍼센트)은 상속형으로 집계되었다.

세계 부호 10명은 마이크로소프트의 빌 게이츠(1위), 인디텍스의 아만시오 오르테가(2위), 버크셔 헤서웨이의 워런 버핏(3위), 아마존의 제프 베조스(4위), 텔멕스의 카를로스 슬림(5위), 코크 인더스트리즈의 찰스 코크와 데이비드 코크(6·7위), 페이스북의 마크 저커버그(8위), 구글의 래리 페이지(9위), 오라클의 래리 엘리슨(10위)으로, 모두 자수성가형으로 부富를 창출했다. 미국의 경우 세계 랭킹 400위 안에 포함된 125명 가운데 89명(71퍼센트)이 자수성가형으로 세계 평균치를 앞섰다. 앞서 언급한 10대 부호 중 스페인의 오르테가와 멕시코의 슬림을 제외하면 8명이 미국 출신이다.

그렇다면 한국은 어떨까? 한국은 억만장자 모두가 선대의 부를 세습받은 것으로 나타났다. 꼬집어 말하자면 한국의 억만장자 중 자수성가형은 거의 없다. 상황이 이러하니 한국에서 '개천에서 용 난다'는 말은 그저 속담에 불과하다. 그러니 '헬조선', '금수저의 나라'라고 일컫는 것이 그렇게 부자연스러운 것도 아니다. 반면 한국과 인접한 중국과 일본은 어떨까? 가장 빨리 세계 부호 대열에 합류하고 있는 중국은 상속형이 고작 2퍼센트에 불과하다. 일본 역시 10명 중 8명이 자수성가형 억만장자에 포함되어 있다.

세계적으로 신흥국과 선진국을 통틀어 자수성가형 비중이 늘고 상속형 부자가 줄어드는 추세지만, 한국만은 달랐다. 전 세계적으로 자수성가형 부자는 1996년 44.7퍼센트였지만 2001년 IT 붐에

힘입어 58.1퍼센트로 역전했으며, 2014년에는 자수성가형 비중이 69.6퍼센트에 달했다. 가히 거꾸로 가는 한국이라 말할 수 있다.

아무리 모아도 티끌은 티끌

부자들 이야기만 하니 배만 아프고 관심 밖인가? 그렇다면 티끌 모아 태산을 꿈꾸는 일반 사람들의 부에 대한 이야기를 해보자.

오늘도 당신은 이른 새벽에 일어나 주섬주섬 걸쳐 입고 출근하기 바쁘다. 때로는 점심, 저녁까지 굶어가면서 외근과 야근에 시달리고 자금을 만들기 위해 모으고 모아보지만 오히려 부채만 쌓인다. 부를 쌓는 것은 고사하고 빚 갚기도 부족한 실정이다. 티끌 모아 태산은커녕 있는 티끌까지 잃을 지경이다. 왜 뼈 빠지게 일해도 계속 가난한 걸까?

이 질문에 대한 답변은 의외로 간단하다. 뼈 빠지게 일해도 가난한 사람들과 빌 게이츠, 제프 베조스와 같은 자수성가형은 부를 쌓아가는 인식의 기준이 다르다. 그렇다면 여기서 이런 의문이 들 것이다. "다른 두 그룹의 인식의 차이를 이해하고 자수성가형과 같은 인식으로 부를 쌓아가면 부자가 될 수 있을까?" 정답은 "그렇다"이다. 먼저 일반 사람들이 부를 인식하는 기준을 관찰해보자.

첫째는 부채를 인식하는 기준이다. 일반 사람들은 재무적 목적지가 존재하지 않는다. 자금 계획을 세우기보다는 현재를 즐길 수 있는 쪽에 집중한다. 그래서 여분의 돈이 생기면 새 차, 새 옷, 새 가방, 여행, 최신 유행하는 제품을 사는 데 써버린다. 보통 3~4개의 신용카드를 갖고 있으며 모든 결제는 신용카드에 의지한 채 현재를 즐긴다. 가지고 싶은 것은 반드시 가져야 하고, 나보다 좋은 물건을 누가 가지고 있으면 대결이라도 하듯 상대방보다 더 좋은, 혹은 비슷한 물건이라도 소유해야 한다. 결국 당신이 빚을 통제하는 것이 아니라 빚이 당신을 통제한다.

둘째, 평범함을 유지하려 한다. 새벽 6시에 일어나 붐비는 대중교통을 타고 출근해 8시간을 일한다. 평범함은 월요일부터 금요일까지 일의 노예가 되는 것이며, 월급의 90퍼센트는 부채를 갚거나 소비로 지출하고 10퍼센트만 겨우 저축한다. 이 역시도 자녀가 둘 이상이면 저축은 한낱 꿈에 지나지 않는다. 이러한 생활 패턴을 50년간 반복한다. 모든 물건은 신용카드로 사고 매달 평균 2~3장의 복권을 산다. 복권을 구매하는 이유는 당첨보다는 그나마 자신에게 주는 위로인 셈이다. 일주일간 지갑에 넣어 다니며 나도 부자가 될 수 있다는 목마른 희망을 갖고 산다. 복권 방송이 끝나고 나면 결국 '행복은 돈으로 살 수 없다'고 인생을 단정짓는다. 평범함의 노예가 되어 다람쥐 쳇바퀴 돌듯 열심히 살지만 앞으로 나아가지 못한다. 문제는 자신의 평범함을 자식들에게 대물림하며 금수저를 탓한다는 것이다.

셋째, 과정보다는 결과에 집중한다. 평범함을 추구하는 일반인은 '나에게는 운이 따르지 않는다'고 운명을 탓한다. '일생에 3번의 기회가 온다고 하는데 나는 하나도 오지 않은 것 같아. 언제 올까?'라며 마냥 기다린다. 미국의 정치가이면서 교육자 및 철학자로 유명한 토머스 제퍼슨Thomas Jefferson은 운에 대해 이처럼 주장했다. "나는 운을 믿는다. 그리고 더 열심히 일할수록 더 많은 운이 따르곤 했다." 그렇다. 운이라는 것은 부와 마찬가지로 과정이 낳은 산물이다. 당신이 복잡한 물리학 관련 서적이나 월간지를 읽고 있을 때, 또는 집에 틀어박혀 공학 기술을 TV를 통해 보고 있을 때는 아무도 운에 대해서 언급하지 않는다. 토마스 제퍼슨이 주장한 바와 같이 행운을 붙잡으려면 당장 행동으로 옮겨야 한다. 즉, 생각에 머문 결론이 아니라 행동이 지배한 과정에 집중해야 한다. 불행하게도 사람들은 부와 운을 결과(복권 구매)라고 생각할 뿐, 과정의 일부로 여기지 않는다. 인생의 기회를 잡고 싶다면 과정에 뛰어들어야 한다.

넷째, 시간을 거래한다. 당신이 부자가 될 수 없는 이유로 가장 자주 내세우는 핑계는 '시간이 없다'일 것이다. 시간이 없는 이유는 뭘까? 바로 직업이 있기 때문이다. 당신은 직장에서 돈을 벌기 위해 시간을 판다. 최소 '9 to 6'의 룰을 지켜야 돈을 벌 수 있다. 반대로 시간을 투자하지 않으면 돈을 벌 수 없다.

직업은 왜 필요할까? 나갈 돈과 빚이 있기 때문이다. 대학 4년에 대학원 학자금 대출을 받았기 때문이다. 그런데 그 빚은 당신을 노예로 만들어 직업을 갖게 하고 당신의 시간을 구속한다. 시간이 지나고 연봉은 오르겠지만 직업의 울타리에서 하기 싫은 일을 하루 종일, 그것도 밤을 새워가면서 해야 한다. 그러니 하고 싶은 일을 할 시간이 없는 것이다.

미국 노동통계국은 2016년 직업별 100만 달러를 모으는 데 소요되는 시간을 조사해 제시했다. 교사는 217년, 경찰은 208년, 미용사는 454년이나 걸린다. 한국에서 가장 인기 있는 의사는 어떨까? 물리치료사는 152년, 수의사는 139년, 약사는 105년 소요된다. 업종에 따라 차이는 있지만 무슨 일을 하든지 돈을 벌기 위해서는 당신의 몸을 움직여야 한다. 많은 수입을 버는 의사도 쉴 틈 없이 육체를 움직여야 한다. 움직이지 않고서는 돈을 벌 수 없다. 그렇다면 당신이 잠을 잘 때도, 게임이나 TV를 볼 때도, 낚시를 할 때도 계속해서 돈을 벌 수 있을까? 그런 방법이 존재할까? 물론 존재한다. 하지만 현재 당신의 삶 속에서는 존재하지 않는다.

위 네 가지 중 두 가지만 해당되어도 당신은 평범한 노예다. 적당한 수준의 차를 타고, 휴가는 일 년에 여름휴가 한 번, 그것도 바다를 건너지 않는 국내로 간다. 외식비용은 가급적 줄이고, 알뜰 쿠폰은 무조건 모아서 냉장고 옆에 붙여놓고, 믿을 만한 곳은 국민연금밖에 없다며 최대로 투자한다. 유감스럽지만 이런 라이프스타일에 해당된다면 당신은 지금보다 훨씬 더 큰 재산을 모을 수 없다.

부자는 스스로 방법을 알고 있다

우리는 하루에 150번 이상의 선택과 결정을 내린다. 매일같이 내리는 결정이 부를 축적하는 시작점이 된다. 2004년에 개봉한 〈나비효과The Butterfly Effect〉는 결정의 마력을 재대로 보여준 영화다. 주인공 에반은 끔찍한 어린 시절의 트라우마를 겪고 기억을 잃어 정신과 치료를 받으면서 매일 일기를 적는다. 어느 날 일기를 꺼내 읽다가 과거로 시간여행을 가게 된 에반은 불행한 과거를 바꾸기 위해 끊임없이 노력한다. 그러나 과거를 바꿔도 여러 가지 변수가 생기면서 계속해서 불행한 결과가 나타난다. 결국 자신이 태어나지 않았으면 이 모든 일이 일어나지 않을 거라 생각하고 태아 시절로 돌아가 탯줄로 목을 맨다. 일상에서 주어진 선택과 결정이 인생의 전반에 영향을 미치는지를 잘 보여주는 영화다. 그것이 바로 영향력의 격차다. 부자가 선호하는 영향력 있는 선택과 결정을 살펴보자.

첫 번째는 가능성을 제한하지 말라는 거다. 어느 날 한 신사가 세계 3대 명차라 불리는 벤틀리에 기름을 넣고 있는데 한 10대 학생이 사진을 좀 찍어도 되겠냐고 찾아왔다. 신사는 흔쾌히 "네, 그러세요"라고 대답해주었다. 그 학생은 흥분을 가라앉히지 못하고 정신없이 떠들어대더니 이렇게 말했다. "찍을 수 있을 때 많이 찍어둬야겠어요. 전 이런 차를 절대 탈 수 없을 거니까요."

이 학생의 태도에서 무엇이 문제라고 생각하는가? 짐작한 대로 자기 스스로 벤틀리를 살 수 없다고 규정한 것이다. 이 소년은 부자가 될 생각이 없다. 아마 평범한 노예가 될 것이다. 사실 이러한 결정은 학생의 부모에게 영향을 받았을 가능성이 크다. 부자는 생각의 틀을 규정하지 않는다. 창조하고 만들어간다. 이러한 태도가 부자가 되는 첫 걸음이다. 이는 부가 되물림 되는 근본적 이유이기도 하다.

둘째, 부자는 돈을 좇지 않고 가치를 좇는다. 반면 가난한 사람은 돈만을 좇는다. 가치를 좇을 시간이 없기 때문이다. 이들은 돈을 잃으면 모든 것을 잃는다고 생각한다. 결국 평생 돈만 좇는다. 하지만 부자는 가치를 제공하는 사업, 사람의 문제를 해결해주는 사업, 욕구를 채워주는 일, 인생에 도움이 될 수 있는 일에 집중한다. 세계적 부를 창출한 빌 게이츠, 제프 베조스, 아만시오 오르테가, 마크 저커버그, 래리 페이지 모두 자수성가형으로 돈보다는 가치를 좇았기 때문에 성공할 수 있었다. 명품 자동차, 고급 아파트, 명품 가방을 갖고 싶은 마음은 돈을 좇는 행위로 이어진다. 진정으로 하고 싶은 것을 찾아라. '시간이 없어서', '직업에 얽매여 있어서', 'MBA를 나오지 않아서', '가진 것이 별로 없어서' 등의 이유로 자신을 합리화하지 마라. 누구나 악조건에서 시작한다. 생각의 틀을 깨고 가치를 좇는 일을 찾아보라.

셋째, 부자는 평범함을 거부한다. 위대함을 꿈꾼다. 다른 일을 하고 다른 삶을 살아간다. 부자에게 평범함은 시한부 인생과 같다. 동서고금을 막론하고 페이스북을 만든 마크 저커버그만큼 단시간에 세계적인 부자가 된 사람은 없다. 페이스북을 창업한 지 불과 11년 만인 2015년 페이스북의 시가총액은 2,649억 달러로 100년의 역사를 가진 IBM을 훨씬 앞서고 있다. 그의 개인 재산은 634억 달러로, 〈포브스〉가 선정하는 미국 부자 7위에 올랐다. 우리나라 나이로 33살이다.

마크 저커버그는 '세상을 연결한다Connecting the Whole World'는 미션으로 태동되어 사람과 사람을 연결하고 세상에 이로움을 전달하는 위대한 꿈이 있었기 때문에 가능했다. 야후가 10억 달러(약 1조 원) 규모로 인수하겠다는 제안을 거절한 것도 그에게는 돈보다는 위대한 꿈이 우선이었기 때문이다.

넷째, 부자는 확률보다는 확신에 투자한다. 억만장자들이 복권 샀다는 얘기 들어봤는가? 물론 가진 돈이 많기 때문에 복권을 살 이유가 없지만 부자는 확률에 투자하지 않는다. 확신에 투자한다.

그래서 결과보다는 과정에 집중한다. 생각에 머문 결론이 아니라 행동이 지배한 과정에 집중한다. 그랬을 때 확신은 높아지고 행운 또한 따라오기 때문이다. 홈런은 절대 대기실에서 칠 수 없다.

다섯째, 부자는 돈보다는 시간에 인색하다. 부자는 '언젠가'라는 말을 하지 않는다. 언젠가를 오늘내일로 만든다. 평범한 사람들은 완벽한 타이밍을 기대한다. 언젠가는 성공할 거야, 언젠가 애들이 다 크면, 언젠가 빚 다 갚으면, 언젠가는 나아지겠지, 언젠가, 언젠가. 하지만 그 언젠가는 절대 오지 않는다. 일주일은 7일이 합쳐진 것이고, 일 년은 365일의 오늘이다. 오늘 없이 일주일, 일 년은 없다. 부자는 변화를 추구하기 위해 당장 주어진 오늘을 산다. 그래서 부자는 시간에 매우 인색하다. 무심코 보낸 오늘은 다시 돌아오지 않는다.

마지막으로 부자는 지출보다는 소득의 증가에 집중한다. 반면 평범한 사람들은 지출을 줄이려고 노력한다. 수입에 제약이 있기 때문에 지출에 집중할 수밖에 없다. 그렇다면 소득의 증가에 집중하려면 어떻게 해야 될까? 이 질문에 대한 해답을 제시하기 전에 다음 질문의 답을 찾아보자. 세계적 부호들의 공통점은 뭘까? 바로 사업가다. 그렇다. 소득의 증가에 집중하기 위해서는 직업보다는 창업에서 답을 찾아야 한다. 사업체, 지적 재산, 브랜드, 라이선스, 발명품, 특허와 부동산이 이에 해당된다. 부자들은 자신의 사업을 통해 가치를 키워 소득을 배가하고 가치가 오른 자산을 시장에 파는 방식으로 부를 증식한다.

평범한 사람은 자식들만 기억해주지만 위대한 부자는 역사가 기억해준다. 부자가 되고 싶다면 먼저 제한된 가능성을 과감히 열어보라. 이런 질문을 하고 싶진 않은가? '이 글을 쓴 당신은 부자인가?'라고. 나는 부자다. 언제나 가능성을 열어두며 가치를 좇고, 평범함을 거부한다. 확률보다는 확신에 투자하고 시간에 매우 인색하다. 그래서 나의 연봉은 창업 첫해부터 억대였다.

제 자식만 함함하길 바랍니다

보통의 사교육 속 특별한 내 아이

인간은 누구나 타인보다 특별하기를 원한다. 나라마다 추구하는 정도는 다르겠지만 유독 한국은 그 특별함을 자식에게서 찾는다. 자식의 성공이 자신의 성공인 양 끝없이 헌신하고 개입하며 모든 재산을 자식에게 투자한다. 여러 측면에서 봐도 지금의 아이들에게는 선택의 폭이 너무나 좁다. 부모의 따뜻한 배려와 물질적 풍요를 누리는 것 같지만 많은 부모가 아이들이 알아서 하게 내버려 두지 않는다. 아이의 자율성을 배제하고 그들의 활동 폭을 완전히 없애버리기까지 한다. 물질적 풍요 속에 생각의 빈곤을 앓고 아이들은 부모가 원하는 목표를 향해 살아간다.

그렇다면 한국의 부모는 자녀들이 어떻게 하면 특별해진다고 생각할까? 이 질문은 유치원생에게 물어봐도 답이 금방 나온다. 바로 좋은 대학에 가는 것이다. 좋은 대학에 진학하는 것이 특별한 삶을 위한 첫발이라고 생각한다. 초중고 12년 동안 밤에 잠도 제대로 못 자고, 흔한 취미 하나 가져보지 못한 채 대학 입시를 위해 공부한다. 그중 학교 정규 수업만 받는 아이가 있을까? 한국에서 사교육은 정규 교과보다 더 중요한 교육과정이 되었다. 오늘날 저성장, 불경기 속에서도 매년 역대 최고치를 기록하고 있는 사교육비가 이를 방증한다. 2016년 교육부 조사 결과에 따르면, 전국 학생 10명 중 7명이 사교육을 받았으며, 월 평균 사교육비 지출액은 초등학교가 23만 원, 중학교가 27만 원, 고등학교는 23만 원으로 나타났다.

한국의 부모들이 사교육을 포기하지 못하는 데는 여러 이유가 있다. '남들도 하니까'라는 불안 심리 때문에 미련을 버리지 못하는 경우도 있지만, 가장 근본적인 이유는 사교육비와 수능점수의 관계에서 찾을 수 있다.

사교육을 받지 않은 학생이 사교육을 받게 되면 처음엔 기하급수적으로 수능점수가 올라간다. 그러나 어느 지점에 다다르게 되면 사교육비를 계속 투입하더라도 초반처럼 성적이 대폭 올라가지 않는다. 그래도 점수가 떨어지지는 않으니 부모 입장에서는 그나마 사교육 덕분이라고 생각하고 교육비를 끊지 못한다.

사교육을 하는 근본적 이유인 수능점수와 수입의 관계를 보면 그들이 생각하는 특별함이 뭔지 알 수 있다. 수능점수가 높을수록 사회에 진출했을 때 수입이 높아진다는 것이다. 상위 1퍼센트 이내의 수능점수로 일류 대학에 가면 일류 기업, 일류 조직에 소속되어 높은 연봉을 받을 수 있다는 논리다. 이 때문에 부모 입장에서는 그 희망의 끈을 놓지 못한다.

하지만 수능 고득점에 속해 있는 모든 학생들이 행복하고 성공한다는 보장이 실제로 있는가? 상위권 대학을 졸업했다고 좋은 직장에 들어가고 성공하는 시대는 지났다. 스위스의 대학 진학률은 47퍼센트인 반면 한국은 96퍼센트다. 대부분의 학생이 대학에 진학하는 한국이 스위스보다 더 잘사는가? 스위스보다 더 창의적인가? 박사 학위를 취득하면서 내가 느꼈던 것은, 대학에서 배우는 지식은 사실 생산성에 크게 도움이 되지 않았다는 점이다. 한국의 교육은 서열을 바탕으로 경쟁과 성적에 집착하는 학생들을 생산하는 입시 교육이다. 21세기 창조시대와 4차 산업혁명의 시대를 살아가는 데 아무런 도움을 주지 못하는 게 대학과 입시 교육의 실정이다.

각기 다른 동그라미들이 사는 네모

2011년 5월 영국의 경제지 〈이코노미스트〉가 이명박 대통령의 발언을 기사화했다. "왜 우리 젊은이들 가운데 페이스북의 창업자인 마크 주커버그 같은 인물은 안 나오냐"고 아쉬움을 표현했다. 〈이코노미스트〉는 한국 부모들이 자녀의 '안정성'을 최우선적으로 고려하기 때문이라고 봤다. 한국의 부모들은 자녀들이 대기업이나 공무원, 전문직이 되기만을 원한다고 말했다.

2016년 국내 청년 취업 준비생 65만 명 중 40퍼센트, 약 25만 명이 공무원 시험을 준비하고 있다. 공시생의 원래 꿈이 공무원이었을까? 노량진 고시촌 고시생들을 만나 처음 가졌던 꿈에 대해 물어본 적이 있다. 우주비행사부터 탐험가, 작가, 요리사, 건축사, 무용사, 제빵사 등 다양했다. 그럼에도 불구하고 왜 공무원 공부를 하느냐고 물으면 "부모가 정해놓은 길, 스펙 쌓기, 사회적 배경 등을 고려하다 보니 자연스럽게 공시 준비를 하게 되었다"라고 답한다. 행복하냐는 질문에 그들은 쓴웃음만 보였다.

1993년 개봉해 100만 관객 시대를 연 임권택 감독의 영화 〈서편제〉는 우리 가락인 판소리를 소재로 한 대표작이다. 〈서편제〉는 1940년대부터 60년대 초에 이르기까지 소리꾼 집안의 비극적 연대기를 통해 한국 전통문화인 판소리의 가치와 우리 정서를 영화 예술로 꽃피워냈다는 평가를 받았다. 영화에서는 소리꾼이었던 아버지 유봉이 딸 송화의 재능을 극대화하려 약을 구해 딸의 눈을 일부러 멀게 하는 장면이 나온다. 장님이 된 송화는 남동생에 대한 그리움, 아버지에 대한 원망과 용서, 소리에 대한 운명적 끌림으로 고독하게 살아가다가 서른에 득음의 경지에 오른다. 유봉은 딸의 눈을 멀게 했다는 죄책감에 죽는 순간까지 괴로워한다.

지금의 아이들과 영화 속 딸 송화의 삶이 자꾸 겹쳐 보이는 것은 과장이 아니다. 아이들은 스스로가 아닌 부모가 원하는 바에 자기도 모르는 사이에 휘둘리고 있다. 그러다 보니 자연스레 부모에게 의지하고 부모가 원하는 삶에 맞춰 살아가게 된다. 아이들에게는 자신만의 생각도, 깊이 있는 영혼도 없다. 내면을 살찌우는 이야기가 아니라 이력서에 써먹기 좋은 이야기를 채우는 데 급급하다. 오죽하면 자기소개서를 대신 써주는 회사가 성업 중이겠는가.

스스로를 소개할 이야기가 없는 경향이 일반화됐기 때문인지, 국내 방송계에서는 제대로 된 정통 토크쇼 하나 없다. 생기더라도 1~2년을 겨우 넘기고는 자취를 감춰버린다. 하지만 미국에는 장기 집권하는 토크쇼가 많다. 30년 넘게 진행한 데이비드 레터맨 쇼부터 1991년 시작한 제리 스프링거 쇼, 개그 센스가 넘쳐나는 코난 오브라이언 레이트 쇼까지 유명인뿐만 아니라 일반인도 나와서 겪었던 갈등과 막장 드라마를 펼친다. 미국의 한 토크 진행자는 "한국에 정통 토크쇼가 없는 이유는 한국 사람들에게 자기 의견이라는 게 없기 때문이에요. 풀어나갈 스토리가 없다 보니 인위적으로 가공을 하게 돼요. 그러면 진정성이 묻어나지 않아요. 그런데 문제는 이를 본 시청자들은 단번에 캐치한다는 겁니다" 라고 꼬집었다.

어른뿐만 아니라 아이들도 즐겨 부르는 노래 〈네모의 꿈〉은 멜로디는 밝은 반면 가사는 곱씹을수록 슬프고 씁쓸하다.

네모난 침대에서 눈을 떠 보면
네모난 창문으로 보이는 똑같은 풍경
네모난 문을 열고 네모난 테이블에 앉아
네모난 조각신문 본 뒤

네모난 책가방에 네모난 책들을 넣고
네모난 버스를 타고 네모난 건물 지나
네모난 학교에 들어서면 또 네모난 교실
네모난 칠판과 책상들

네모난 오디오 네모난 컴퓨터 TV
네모난 달력에 그려진 똑같은 하루를
의식도 못한 채로 그냥 숨만 쉬고 있는걸

스펙 우선, 안정성 중심으로 살아온 한국은 네모의 천국이다. 세상도 사람도 둥근데 생각과 행동은 네모에 맞춰져 있다. 부모들은 아이들을 네모 안에 집어넣어야 불안하지 않다고, 적어도 남들만큼은 했다고 자신을 위로한다. 국민소득 2만 달러, 세계 10위권의 경제 규모를 가진 한국의 국민 행복지수는 매우 절망적이다. 스스로가 원하는 삶을 살지 않으니 행복할 수가 없다. 이런 상태가 장기화되면 이제는 내가 정말 뭘 원하는지도 모르게 된다. 가사처럼 '의식도 못한 채 그냥 숨만 쉬고 있는'지도 모른다.

지금 아이들과 부모들은 행복해지려고 그 고생을 하는 것이 아니다. 오히려 불행해지지 않으려 아등바등하는 쪽에 가깝다. 나는 그들에게 강조하고 싶다. 탁월하지 않음이 뒤처짐을 뜻하는 것은 아니라고.

여덟 살 난 막내아들이 거울 앞에서 자기 모습을 한참이나 들여다보며 무척이나 황홀해하고 있기에, 살며시 다가가 물었다. "아들, 지금 뭐하는 거예요?" 그러자 아이가 대답했다. "그냥 이게 나라는 사실을 믿을 수가 없어요." 모든 개인은 온갖 다양한 연속체 중에서 유일무이하다. 인간은 이미 존재만으로도 특별하다는 거다.

네가 하면 나도 해야지

남의 눈치가 편리함을 이기는 사회

'혼자 있는 저녁, 간단히 햇반으로 해결할까.' 1996년 12월 국내 최초로 출시된 CJ제일제당 햇반은 후발 경쟁업체의 거센 도전 속에서도 20년째 굳건히 브랜드 1위를 유지하고 있다. 햇반은 쌀이 아닌 밥이라는 새로운 상품 카테고리를 창출했을 뿐 아니라 소비자가 즉석밥 대신 햇반이라는 말을 사용할 만큼 즉석밥 시장의 대명사로 자리 잡았다.

1996년 햇반 출시와 함께 초창기 즉석밥 시장에서 기업들이 소비자들에게 제시한 최초의 가치는 바로 '편의성'이었다. 예를 들어

남편이 저녁을 먹고 늦게 온다고 했는데 갑자기 일찍 들어온 경우, 아이의 친구들이 집에 갑자기 들이닥쳐 밥이 모자랄 때, 이를 해결하는 아이템으로 햇반을 내세운 것이다. 짧은 시간 내에 간단하고 편리하게 조리할 수 있다는 게 주요 강점이었다. 그러나 소비자의 반응은 냉담했다. 새로운 시장을 개척한 제품이 가장 경쟁력 있는 강점을 내놓았음에도 판매량이 기대에 못 미친 원인은 무엇이었을까?

대표 소비자인 주부들의 욕구를 관찰해보니 '가족한테 너무 미안하다'라는 이유가 가장 컸다. 남편과 아이에게 밥을 지어줘야 하는데, '편리한 밥'이라는 광고는 주부들이 살림에 책임을 다하지 않는다는 이미지를 심어줬던 것이다. 너무 간편하다는 햇반의 강점이 오히려 아내와 엄마로 하여금 집안 살림을 소홀히 하는 것처럼 보이게 만들었다.

그래서 햇반은 '편리한 밥'이 아닌 '맛있는 밥'으로 광고 이미지를 바꿨다. 집에서 엄마가 금방 해준 것처럼 따끈따끈하고 맛있는 밥이라는 점을 강조해, 주부들이 더 이상 햇반을 내놓아도 죄책감이 들지 않게끔 수정했다. '미안해하지 마세요. 미안해하지 않아도 될 만큼 햇반은 잘 만들었습니다.' 이 깔끔한 광고 속 멘트가 엄마의 걱정을 덜어주었다. 육아, 아이의 학업, 늘 있는 집안일, 자기계발 등 여러 가지 다양한 역할을 소화해야 하는 현대사회의 엄마들은 시간에 맞춰 가족들 식사를 준비하기가 녹록지 않다. 이때 좋은 재료와 정성 어린 공정으로 잘 만들어진 햇반은 직접 가족의 밥을 챙기지 못하는 것을 미안해하지 않아도 될 정도로 제품력이 강하다는 메시지를 전했다.

결과는 어떻게 됐을까? 출시 보름 만에 2억 5,000만 원어치가 팔렸고 목표 매출액이었던 40억의 두 배 가까이를 달성하는 신드롬을 일으켰다. 이후 20년간 햇반은 총 13억 개가 팔렸다.

햇반의 성공 요인은 일상 식생활에서 편리함을 추구하는 소비자들의 욕구를 제대로 관찰해 이를 제품화한 것이다. 또한 효과적인 광고, 판촉, 유통 프로모션 활동으로 단기간에 제품 이미지를 정착시키는 데 일조했다. 무엇보다 인스턴트식품이라는 한계에도 불구하고 소비자들에게 '집에서 지은 밥'이라는 믿을 만한 제품 이미지를 심어줘 가정집 수요가 크게 늘어났다. 타인으로부터 받을 수 있는 눈치나 죄책감을 씻어내고 칭찬받을 수 있는 가치를 창출했기 때문이었다.

그래도 다른 사람 눈도 있는데

당신은 자신의 의지와 상관없이 남들 때문에 물건을 구매한 적이 없는가? 2009년 11월 애플의 아이폰3Gs가 한국에 보급되기 전 모든 국민은 2G폰인 피처폰을 사용했다. 그러던 어느 날, 지인들과의 술자리에서 테이블 위에 아이폰이 올라왔다. 이후 점점 저마다 가진 아이폰을 테이블 위로 꺼내놓았다. 1년 후 삼성전자에서 갤럭시S를 출시하면서 술자리 테이블은 스마트폰 전시장을 방불케 했다. 당시 피쳐폰을 사용하고 있던 나는 그들의 스마트폰을 보고 침묵할 수밖에 없었다. 갤럭시 S2가 나오고서야 나는 스마트폰을 샀다. 나의 의지와는 상관없이 말이다. 솔직히 말하면 피처폰을 사용하는 내가 창피했다. 남들의 과시욕에 나의 구매욕이 자극받은 것이다. 2016년 기준 우리나라 국민 10명 중 9명이 스마트폰을 사용하고 있다. 스마트폰 보급 7년 만에 사용률 90퍼센트에 이르렀다. 그래서 나온 말이 있다. '휴대폰은 술자리 테이블에서, 회의 테이블에서 바뀐다.'

햇반이 주부들의 감추고 싶은 욕구를 덮어주는 사례였다면, 스마트폰은 드러내고 싶은 욕구를 부각해서 구매로 이어지게 한 사례다. 시장에 노출된 제품이나 서비스의 유형을 잘 살펴보면 스마트폰처럼 욕구를 드러내 구매로 이어지는 것들이 대부분이다.

4차 산업혁명이 대두되는 현재, 많은 위기 가운데서도 지지 않는 산업이 있다. 바로 화장품 시장이다. 2015년 한국보건산업진흥원에 따르면, 국내 화장품 시장 규모는 9조 355억 원으로, 2006년

4조 2,644억 원보다 두 배 이상 성장했다. 2006년부터 연평균 8.7퍼센트씩 성장한 것이다. 해마다 이렇게 높은 성장세가 이어지다 보니 주변의 관심도 폭발적으로 늘어났다. 신규 업체의 화장품 시장 진입 러시 현상이 수년째다. 패션·엔터테인먼트·건설·식품·제약·유통 등 업종의 구분이 없어진 데다 대기업·중소기업, 온라인·오프라인의 구분도 사라져 형태도 다양하다.

CJ도 1994년 화장품 시장에 뛰어들었다. '식물나라'를 통해 화장품 시장에 진출하고 슈퍼마켓과 편의점을 중심으로 사업을 확장해나갔다. '깨끗하고 순한 저자극 식물성 화장품을 편리한 슈퍼마켓에서 찾으세요'라는 카피로 제품의 편익과 경제성을 바탕으로 실속형 소비자를 공략했다.

결과는 어땠을까? 설탕과 조미료를 만드는 회사가 화장품을 판매한다는 것에 대해 반감이 상당했을 뿐만 아니라, '화장품을 화장품 전문 매장이 아닌 슈퍼마켓에서 판다고?'라며 소비자들은 제품을 의심할 수밖에 없었다. 출시 직후 6개월간의 성적표는 매우 초라했다. 지금이야 슈퍼마켓이 깔끔해 화장품을 팔기에 전혀 무리가 없지만, 당시 마켓은 음식 냄새와 각종 생필품 포장지 냄새가 뒤섞인 공간이었다. 다시 말하면 브랜드에 대한 인식도 좋지 않았고, 유통 공간도 적절치 않았다.

CJ는 슈퍼마켓에서 화장품을 편리하고 저렴하게 구매한다는 강점을 노렸지만, 사실 고객의 욕구를 제대로 읽어내지 못했던 것이다. '슈퍼마켓에서 화장품을 사면 남들은 어떻게 생각할까?'를 고객의 입장에서 관찰해야 했다. 구매자에게 슈퍼마켓에서 화장품을 사는 일은 타인의 시선이 신경 쓰이는 행동인 것이다. 내가 지인과 함께하는 술자리 테이블에서 피처폰을 꺼내놓지 못했던 것과 같은 맥락이다. 화장품을 슈퍼마켓에서 사면 사람들에게 눈치도 보이고 공간과 어울리지 않는다는 등의 선입견이 많은데, 그 사람들의 구설수에 오르는 것이 싫을 수밖에 없다.

CJ는 고객의 욕구를 관찰한 끝에 새로운 아이디어를 제안했다. 바로 '필수품' 콘셉트다. 아무리 관심이 없더라도 기초부터 메이크업까지 화장품을 하나도 쓰지 않는 여성은 없다. 여기에 필수품을 잘 만드는 회사는 CJ이고, 각종 생필품을 판매하는 공간은 슈퍼마켓이니 유통도 문제가 없다. 그래서 '피부 필수품 식물나라'라는 콘셉트를 만들었다.

새로 나온 광고는 화장품을 슈퍼마켓에서 사야 하는 이유를 제시했다. 화장품은 과시를 위한 사치품이 아니라 여성의 피부를 위한 생활필수품이라는 점을 강조했다. 즉 화장품의 기능보다 먼저 슈퍼마켓에서 화장품을 사야 하는 당위성을 만들었다. 이렇다 보니 실속형 소비자들은 주변 사람들의 이목을 신경 쓰지 않고 구매할 수 있었다. 고객이 화장품을 구매할 때 남들의 시선을 의식한다는 사실을 관찰한 덕분에 식물나라는 매출 470억 원이라는 대기록을 달성할 수 있었다.

이 세상 무엇보다 내가 중요해!

'세상의 중심은 나'라는 말이 있다. 이 말은 스스로가 주도하는 적극적인 삶의 중요성을, 그리고 내가 존재하지 않으면 세상은 의미가 없음을 이야기한다. 그런데 과연 우리는 '나' 중심으로 세상을 살아가고 있는 걸까? 근대 경제학의 아버지로 불리는 애덤 스미스Adam Smith는 다음과 같이 반론한다. "사회를 떠나서 홀로 산다면 우리는 자신의 아름다움에 대해 완전히 무관심할 것이다. 그래서 미美에 대한 욕구는 전적으로 사회적이며 이는 동감 본능에 기인한 것이다." 쉽게 해석하자면 아름다움을 추구하거나 물건을 소유하려는 욕구는 타인의 인정과 동감을 받기 위해 행해지는 일종의 '과시욕'이다.

외환위기 여파로 2000년 초 대우차에 넘어갔다가, 대우그룹마저 쓰러진 뒤 다시 매물로 나온 쌍용자동차는 우여곡절을 겪은 직후인 2001년 9월 렉스턴 출시로 회생의 발판을 마련했다. 당시 '대한민국 1퍼센트'라는 공격적인 광고 카피를 내세웠던 렉스턴은 계약 뒤 몇 달은 기다려야 차를 인도받을 수 있을 정도로 대히트를 쳤다. 쌍용자동차는 2001년부터 2004년까지 4년 연속 흑자를 기록하는 대반전을 이뤘다. 그때는 '렉스턴이 3~4년간 쌍용차를 먹여 살렸다'고 해도 과언이 아니었다. 쌍용차 직원들이 역대 공장 생산 라인이 가장 바쁘게 돌아갔던 시기로 렉스턴 출시 직후를 꼽을 정도니 말이다.

3,000만 원 초반의 높은 가격대로 출시되었음에도 불구하고 많은 고객이 선호했던 이유는 무엇일까? 독일 엔진, 프리미엄 SUV의 제원, 탁월한 연비 때문이었을까? 가장 강력하게 작용한 요인은 아마 대한민국 1퍼센트만 타고 다닌다는 광고 카피였을 것이다. 즉 아무나 타는 차가 아닌, 대한민국 사람 중 1퍼센트만 탈 수 있다는 자동차라는 콘셉트는 타인에게 과시욕을 제대로 드러낼 수 있는 요인이었다. 값비싼 귀금속이나 명품 가방이 늘 잘 팔리는 이유 또한 같은 맥락이다.

이처럼 아름다움이나 부를 과시하고자 하는 욕구는 모두에게 상대적으로 존재한다. 2013년 칸 광고제에서 금상을 수상한 '도브 리얼 뷰티 스케치Dove Real Beauty Sketches'는 인간의 욕구가 '나' 중심이 아닌 '상대' 중심임을 명확하게 드러낸다. 리얼 뷰티 스케치는 FBI에서 일하는 몽타주 화가를 섭외해서 실험 대상자 7명의 얼굴을 보지 않고 설명에 의존해 두 가지 그림을 그리게 했다. 첫 번째 그림은 실험 대상자 본인의 묘사로 그린 그림이고, 두 번째 그림은 실험 대상자가 만난 다른 사람이 묘사한 것에 의존해 그린 그림이다. 각 모델 당 두 점의 그림이 완성되었고 모델들을 불러내 그림을 공개했다.

어떤 그림이 더 아름답게 나왔을까? 놀랍게도 자신이 묘사한 그림보다 다른 사람이 보는 내 모습이 훨씬 성격도 좋아 보이고 심지어 더 너그러운 인상으로 그려졌다고 한다. 이 광고는 "You are more beautiful than you think"라는 문장으로 끝난다. 이 사례는 진정한 아름다움이란 타인의 인정에서 나온다는 애덤 스미스의 말을 확인시켜준다.

자신이 아름답다고 느끼는 것은 자신의 모습을 보고서가 아니라 타인의 모습을 보고 난 이후다. 타인이 자동차를 사면 나도 사고, 타인이 최신 휴대폰을 사면 나도 산다. 소비자는 제품을 사용하는 자신을 타인이 지켜보고 있다는 사실을 실시간으로 기억하고 있다. 다른 사람이 나를 평가하는 지표가 되기 때문이다. 그래서 타인이 자신의 외모를 좋게 시인하면 기뻐하고, 부정적일 땐 불쾌해한다.

저런 상황이라면 '세상의 중심은 나'라는 말은 새빨간 거짓말이다. '세상의 중심은 타인이다'라는 말로 정정해야 한다. 남이 보는 내가 진짜 내 모습이라고 믿기 때문이다. 이러한 진리를 알고 선도적으로 행하는 곳이 바로 성형외과다. 성형외과 의사들은 세상의 중심이 타인이라는 진리를 알기에 타인이 보는 나의 미적 기준을 높인다. 덕분에 전 세계 인구 대비 성형수술 건수에서 한국이 1위다. 수치로 보자면 대한민국 여성 중 5명 중 1명꼴로, 타인의 시선을 이유로 몸을 인위적으로 맞추고 있다.

인간은 은근히 자신을 드러내고 싶어 하면서도 치부는 감추고 싶어 한다. 미술적 취향과 타고난 기질도 달랐던 고흐와 고갱이 짧지만 강렬한 인상을 남긴 것도 '상대가 보는 나'였기 때문이다. 오늘을 살아가는 당신은 누구의 시선을 의식하고 있는가?

강남 보고 핀 해바라기

불행 배틀이 시작되었다

대한민국 국민 중 가장 불행한 사람은 누구일까? 자신이 가장 불행하다고 생각하는 사람이다. 그 전형적인 인물을 꼽아보자면 40대 강남 서민이지 않을까 싶다. 내 선배는 강남구 도곡동 일반 아파트에 12년째 살고 있다. 그는 '하우스 푸어'를 입에 달고 산다. 전세로 사는 건 아니지만 그렇다고 자기 집도 아니라면서 80퍼센트는 은행 소유라고(주택담보대출) 이야기한다. 아이 2명 학원비, 대출이자와 원금, 생활비 때문에 저축은 꿈도 못 꾸고, 적자가 없는 달이 없다. 그 선배만 겪는 특별한 하소연일까?

월 평균 600만 원을 버는 선배는 스스로를 빈곤층이라고 생각한다. 2016년 통계청에서는 중산층과 빈곤층, 그리고 고소득층을 통상 소득 기준으로 조사했다. 통계청은 중위소득의 50퍼센트를 중산층과 빈곤층을 가르는 기준으로 삼고 있다. 2015년 기준 우리나라 4인 가구의 중위소득이 375만 원이므로, 이 기준대로라면 4인 가족의 경우 187만 원이 중산층과 빈곤층을 나누는 경계가 된다.◆ 187만 원보다 1만 원이라도 더 벌면 중산층이고, 1만 원이라도 적게 벌면 빈곤층이 되는 셈이다. 한편, 중산층과 그 위의 고소득층을 나누는 기준은 중위소득의 150퍼센트다. 따라서 4인 가구 기준으로 563만 원 이상의 소득이 있다면 고소득층이다. 그 기준이라면 600만 원을 버는 선배는 고소득층이다. 그럼에도 불구하고 선배는 왜 스스로를 빈곤층이라고 생각할까? 이유는 간단하다. 수입에 비해 지출이 더 많기 때문이다.

같은 조사에서 소비 분야 중 중산층과 고소득층의 우선순위가 달랐다. 소비 항목 중 가장 많이 지출하는 항목으로 중산층은 식비(44.2퍼센트)를, 고소득층은 자녀 교육비(37.1퍼센트)를 꼽은 사람이 가장 많았다. 소득의 크기에 따른 당연한 결과이기도 하다. 중산층과 고소득층 모두 생존에 필요한 식비를 우선적으로 지출할 테지만, 상대적으로 소득이 적은 중산층은 자녀 교육비에 대한 투자

◆ 계층을 나누기 위해 특정값을 기준으로 삼으면 발생할 수밖에 없는 불가피한 현상이다.

여력이 아무래도 부족할 수밖에 없다. 반면 고소득층은 소득의 절대 규모가 크기 때문에 식비 지출 이외에도 지출할 수 있는 경제적 여력이 있다. 그만큼 상대적으로 '교육비에 가장 많이 지출하고 있다'는 응답이 많을 수밖에 없다.

선배가 사는 곳은 강남이다. 그것도 아파트값 역대 최고가를 매일 경신하고 있는 강남 한복판이다. 그러나 강남 서민에게는 자기만족적 삶이 없다. 고도성장을 해온 대한민국의 모두에게는 한때 희망이 있었다. 대학 진학해서 취업을 하고, 결혼해서 4인 가족을 꾸리고, 2~3년 내에 자기 명의의 아파트를 마련하는 것이 기성세대가 꿈꾸는 미래의 필수조건이었다. 이 희망은 금세 완전히 무너졌다. 게다가 이제는 4차 산업혁명의 경쟁자인 인공지능과 로봇들 사이에서 일자리를 놓고 싸워야 하는 지경에 다다랐다. 뱁새가 황새를 따라가려다 재정파탄이 일어나게 된다는 동서고금의 교훈을 강남 서민이 모를 리 없다. 그럼에도 불구하고 강남 서민은 왜 곧 죽어도 강남을 고집할까?

주소지가 강남이라는 것에 대해

대한민국 교육제도의 운영과 혁신의 주체는 누구일까? 교육부 장관, 시·도 교육감, 대학 총장, 교장 선생님도 아니다. 대한민국 교육계를 뒤흔드는 주체는 '교육 1번지'라 불리는 강남의 엄마들이다. 강남에는 자녀 교육에 관심이 많은 전문직 학부모들이 대거 거주하고 있어 입시학원을 비롯한 각종 사교육 학원이 타 지역에 비해 매우 활성화되었다. 어느새 강남은 대한민국 교육 이슈의 메카로 자리 잡았다. 강남 엄마들은 대한민국 교육계의 가장 핫한 이슈들을 가져와 아이의 교육을 위한 최적의 방법을 제시한다. 학원가에서는 우스갯소리로 대한민국에서 명문대에 진학시키기 위한 조건으로 '할아버지의 재력, 엄마의 정보력, 아빠의 무관심'을 꼽는다. 이 세 박자가 동시에 충족할 수 있도록 뛰어다니는 주체가 강남맘이다. 그래서일까? 강남을 따라잡기 위해 전국의 맘들은 의심의 여지 없이 그들의 교육철학을 받아들인다. 조건이 이미 갖춰져 있는 강남에 살고 있는 사람들이 이를 쉽게 포기할 수 있을까? 오히려 오기가 생길 것이다. '아이들만큼은 나처럼 강남 서민으로 살게 할 수 없어!'라며 은행에 빚을 내서라도 아이들을 교육시켜 '신분 상승'을 꾀한다. 이 같은 피해의식이 가장 강한 사람이 강남 서민이다. 지역별 자녀 1인당 교육비 비율이 압도적으로 높을 수밖에 없다.

이러한 환경에 사는 선배에게 자기만족적 삶이란 있을 수 없다. 매년 한 번씩 만나 술잔을 기울이면 항상 신세 한탄을 한다. 희망과 미래보다는 어려움과 고통이 술안주로 등판한다. 결국 술값은 내가 낸다. 이러한 악순환은 그들을 더 극단적 상황으로 몰고 간다. 실제 우리나라는 25년 전보다 자살률이 3.6배나 증가했는데, 특히 25년 전에는 20~30대 젊은 층의 비중이 50퍼센트를 넘었다. 그러나 최근에는 자살률 전체에서 40~50대 중년이 차지하는 비중이 남성 42퍼센트, 여성 32퍼센트로 가장 큰 비중을 차지하고 있다. 버릴 수 없으니 포기하는 삶이다. 안타까운 현실이다.

똥밭에 굴러도 강남이 낫지

강남 서민은 '가상의 현실'에 산다. 은연중에 그들은 즐긴다. '나 강남 살아!'라고. 대한민국 교육의 메가, 문화의 중심, 대한민국의 월스트리트, 서울의 수도, 부의 중심, 그 중심에 나는 산다고.

독일의 철학자이자 사회학자인 막스 셸러Max Scheler는 《사랑과 인식》에서 초대 그리스도교 교회가 낳은 위대한 철학자이자 사상가인 아우구스티누스가 식물이 하나의 욕망을 지니고 있다는 주장을 "특이하고 신비로운 방식으로" 제기했다고 지적한다. 식물은 "인간이 자신을 바라봐주기를 욕망한다. 식물의 존재에 대한, 사랑이 인도하는 인식을 통해 구원과 유사한 일이 일어나기라도 하는 것처럼 말이다".

만일 꽃이 내면적으로 존재의 가치를 인식하고 있다면 인간이 바라봐주길, 관심 가져주기를 갈망하지 않을 것이다. 그러나 꽃은 언제나 결핍을 느낀다. 인간의 따뜻한 손길과 사랑이 담긴 시선을 원한다. 인간이 주는 손길과 시선은 꽃을 결핍과 갈망의 상태로부터 구원한다. 따라서 인식은 꽃을 구원하고 억압된 자신을 해방시킨다. 강남 서민은 결핍을 느끼는 꽃이다. 주변의 따뜻한 손길과 사랑이 담긴 시선을 원한다. 꽃이 아름다움으로 자신의 욕망을 주장하는 반면, 강남 서민은 대한민국 교육의 메카, 문화의 중심, 대한민국의 월스트리트, 부의 중심에 산다는 외적 가치로 자신의 욕망을 주장한다. 주변 사람들이 이를 인식하면 그들은 구원받는다고 생각하고 존재의 이유를 느낀다. 그들이 충족했다고 생각하는 것은 사실 공허한 빛이다. 그렇지만 그들은 벗어날 수 없다. 가상현실에서 스스로 인식하는 가치가 너무나 달콤하기 때문이다.

가상현실Virtual Reality은 사용자가 실제로 존재하지 않는 가상의 공간에 있는 것처럼 느끼게 만드는 기술이다. 가상현실 서비스는 주로 사용자의 시야를 완전히 가리는 고글 형태의 기기를 쓰고 이용한다. 강남 서민들은 부자들의 공간에서 고글을 쓰고 가상의 자신을 본다. 넓은 거실에 피카소의 그림이 보이고 곰돌이 인형과 대화하며 람보르기니를 타고 여행을 한다. 가상의 현실을 인식한 자신은 동일한 시선으로 현실을 본다. 그리고 현실을 부정하고 가상의 나를 욕망한다.

SNS 중독 또한 현실을 부정하고 가상의 나를 욕망하는 대표적인 행위다. 편집된 외적 자아를 생산해 점점 현실과 동떨어진 자신을 만들어낸다. 이는 공허한 빛을 발산해서 얻는 충만함이다. 텅 빈 자아를 지속적으로 생산하며 다른 사람들에게 구원받기를 원한다. 타자에게 받은 '좋아요'에 결핍이 해소되고 억압된 자신이 해방됨을 느낀다.

2015년 후루이치 노리토시古市憲壽가 쓴《절망의 나라의 행복한 젊은이들》이란 책은 어려운 시대에 안주하는 사토리 세대의 정체를 보여준다. 일본은 1991년 이래 장기 불황이 계속되면서 10여 년 동안 경제구조 문제에 시달렸다. 이 책의 내용을 보면 취업률 바닥에 결혼도 힘들며, 사회 고령화로 청년의 부담은 갈수록 커지는데도 일본 젊은이들은 행복하다는 것이다. 이 의견이 등장한 시기는 '잃어버린 20년'의 정점이었던 2011년이었다.

경제적 어려움을 겪고 있음에도 불구하고 일본 젊은이들이 행복할 수 있었던 이유는 무엇일까? 그들은 '자기만족적 삶'을 산다. 주변에 읽을 책이 있고, 플레이스테이션 게임기로 친구나 연인과 함께 즐길 사회관계 자본이 있다면 행복하다고 생각한다. 소박하지만 내면적으로 존재의 가치를 인식하고 스스로 자기 자신을 생산해낸다. 그들은 타인이 아닌 자신의 삶을 산다.

강남 서민들에게 강남에 '언제까지' 살 거냐고 물어보면 '언젠가는' 떠나고 싶다고 말한다. 하지만 일본 젊은이들에게 물어보면 일본에 태어나서 좋다는 의견이 100퍼센트에 육박한다. 정작 행복이란 타자의 삶이 아닌, 경제적 논리가 지배하는 삶이 아닌, 내면의 진정성을 생산하는 삶이 아닐까.

흙수저의 연금술

금수저가 네 수저냐, 흙수저가 네 수저냐

최근 몇 년간 대한민국에서 가장 많이 언급되는 키워드는 '수저론'이다. 누구는 금수저로, 누구는 흙수저로 태어난다는 거다. 수저론은 원래 서양식 표현의 차용이다. 영어에는 "Born with a silver spoon in one's mouth(은수저를 물고 태어나다)"라는 속담이 있다. 태어날 때부터 남다른 배경이어서 인생을 쉽게 살 수 있다는 뜻이다. '푸른 피blue blood'라는 말 또한 보통 사람과 귀족을 구별 짓는 말로, 피 색깔도 다를 만큼 귀족과 평민 삶 자체에 차이가 있음을 보여주는 단어다.

계층을 가르는 수저론은 단순한 색깔론을 넘어 대한민국 전반의 '계층 고착화'로 확대되고 있다. 특히 이러한 현상은 젊은 층을 중심으로 빠르게 번지고 있으며, 심지어 한 인터넷 커뮤니티에는 흙수저를 자처하는 이들을 위한 게시판까지 만들어졌다.

최근에는 금수저, 흙수저가 현실임을 뒷받침하는 연구 결과까지 나왔다. 한국보건사회연구원 보고서에 따르면, 이른바 산업화 세대, 민주화 세대를 거쳐 정보화 세대로 넘어오면서 부모의 경제적 지위가 학업성취와 임금, 직업에 미치는 영향은 더욱 심해졌다는 것이다.

이러한 현상은 우리나라만의 문제가 아니다. 미국은 전부터 소위 '기회의 땅'이라고 불려왔다. 개인의 신분이나 출신에 상관없이 누구나 열심히 노력하면 성공할 수 있다는 믿음이 지켜져온 나라였기 때문이다. 그래서 열심히 배우고 일해서 성공을 쟁취하는 것은 미국인들의 오랜 꿈이었다. 그런데 그런 미국조차도 수저 색깔에 사람의 성공이 달린 상태가 되었다.

수저에 담긴 천차만별 일상

그렇다면 금수저와 흙수저는 어떤 일상적 차이를 겪을까? 먼저 금수저의 삶을 관찰해보자. 금수저로 태어난 사람은 경제적 어려움을 겪지 않기 때문에 웬만한 입시학원과 선행학습은 기본으로, 이에 더해 어릴 때부터 셀 수 없이 많은 과외를 받는다. 유학과 외국어 2~3개는 물론 다양한 경험과 인맥을 형성할 기회를 얻는다. 학비 걱정 없이 대학을 졸업하고 적절한 직무를 찾아 정규직으로 대기업에 입사한다. 사실 이러한 과정은 부모가 운영하신 사업체를 물려받기 위한 일종의 리허설이다. 혹 실패하더라도 재기할 재력을 지니고 있기 때문에 위험 부담이 적다. 본인이 직접 일을 선택할 확률이 다른 이들에 비해 높기 때문에 일에 대한 만족도와 임금 수준이 높다.

반면 흙수저는 어떨까. 그들은 자신의 경제력에서 가능한 최소한의 교육만 받는다. 이 교육비는 사실 가정에서 지출하는 금액 중 가장 많은 비중을 차지하며, 부모의 직업 전선에 문제가 생기면 바로 끊길 수밖에 없다. 통계청 분석에 따르면, 금수저와 흙수저의 교육비 지출은 무려 8배 차이가 난다. 고소득 계층의 교육비 지출은 66만 원인 반면 소득이 낮은 계층은 8만 원이다. 특히 사교육비 차이는 9.1배에 달한다. 아무리 정부가 사교육비 절감 정책을 실시하더라도, 돈 많은 사람이 자녀의 교육을 위해 쓰겠다는데 무턱대고 막을 수는 없는 일이다.

금수저와 흙수저의 교육비 지출 격차가 큰 이유가 뭘까? 교육비는 당장 결과가 보이는 지출이 아니기 때문에 소득이 줄면 가장 먼저 줄이려는 특징이 있다. 즉, 투자라기보다는 비용으로 인식을

해, 벌이가 여의치 않으면 생계를 위해 뒤로 미루는 거다. 일반 기업도 회사의 재정적 상황이 좋지 않으면 교육비부터 삭감한다. 결국 교육비 지출 격차는 학력 차이가 되고, 학력 차이는 빈부격차를 낳는다.

이러한 차이에도 어렵게 이류 대학에 입학해 대학교를 다닌다면, 학비를 벌기 위해 평균 2개 정도의 아르바이트를 해야 한다. 대학을 겨우 졸업해 취업 전선에 뛰어들면 자기계발형 일자리를 경험한 금수저가 정규직 자리를 이미 꿰차고 있어 원하는 곳에 취업할 수 없다. 결국 잘 맞지 않는 생계형 일자리에 지원해 비정규직, 계약직으로 생계를 유지한다. 그러다 보니 일에 대해 만족도는 낮아질 수밖에 없고, 계약으로 인한 잦은 이직 때문에 업무 숙련도도 떨어진다. 결국 일정 수준의 경력 쌓기는 불가능해진다. 꾸준한 수입이 보장되지 않으니 저축은 꿈도 못 꾼다. 대출비용에 생활비, 게다가 학원비를 빼면 매달 적자다. 편의점 도시락이 잘 팔리는 이유가 바로 여기에 있다. 한 푼이라도 아끼려면 7,000원 이상의 점심값은 큰 부담이다. 그래서 4,000원짜리 편의점 도시락으로 끼니를 때우고 캔커피로 오후를 버텨보는 것이다.

더 큰 문제는 이 엄청난 격차가 일시적인 현상이 아니라는 것이다. 미국의 대표적인 싱크탱크인 브루킹스 연구소가 1968년 이후

1만 8,000명의 미국인들을 대상으로 경제적 성취 정도를 조사한 결과 중산층 또는 상위층 출신 자녀들 가운데 대학을 졸업한 아이들의 수입은 저소득층 자녀들에 비해 62퍼센트 더 많았다. 연구소가 이들을 더 추적 조사한 결과 사회생활을 한참 더 한 뒤에는 격차가 더 심해진 것으로 나타났다. 저소득층 대졸자들은 중견 사회인이 됐을 때 평균 수입이 5만 달러(6,000만 원) 정도였으나, 중상위층 대졸자는 평균 수입이 10만 달러(1억 2,000만 원)에 달했다. 결국 금수저는 영원히 금수저로, 흙수저는 영원히 흙수저로 살라는 것인가.

아마 수저론은 고대시대부터 존재했을 것이다. 무리를 이루어 살게 되면서 사람들은 계층의 구분과 분배의 문제를 달고 살 수밖에 없었다. 노예는 아무리 노력해도 귀족이 될 수 없으며, 심지어 공동분배를 내세우는 사회주의에서조차도 차별과 갈등은 발생한다. 이를 지독하게 추구하는 신분제도가 바로 인도의 카스트Caste제도다. 피부색과 직업에 따라 승려 계급인 브라만brahman, 군인·통치 계급인 크샤트리아ksatriya, 상인 계급인 바이샤vaisya 및 천민계급인 수드라sudra로 크게 나누어지며, 이 안에는 다시 수많은 하위카스트subcaste가 있다. 최하층 계급으로는 불가촉천민untouchable이 있다. 카스트제도는 아리안족이 인도를 정복한 뒤 소수의 지배 계급이 피지배 계급에 동화되는 것을 방지하기 위해 만든 것으로 알려져 있다. 계급 간 차별이 유독 극심한 이 제도는 무려 3,000년이 넘도록 존속해왔다. 1947년도에 이미 법적으로 폐지되었지만 아직도 인도인들의 일상생활에 큰 영향을 미치는 사회관습으로 존재하고 있다.

미래 도시를 배경으로 한 영화 〈인서전트〉에서는 비인간적인 계층체계가 두 세기 넘도록 명맥을 이어간다. 최고 권력자 제닌이 지배하는 도시의 분파통제는 철벽같다. 사람들은 에러다이트(지식)·돈트리스(용기)·애머티(평화)·캔더(정직)·애브니게이션(이타심)으로 이뤄진 5개 분파의 굴레에 갇혀 직업을 선택할 수도, 소속을 바꾸지도 못한다. 일상에서도 분파의 행동규범 외엔 그 어떤 행위도 불가능하다. 에러다이트는 평생 과학자나 지식인 같은 엘리트로, 애머티는 농작물 생산자로, 에브니게이션은 항상 타인을 돕는 봉사자로만 살아야 하며 다른 모습의 삶은 꿈조차 꿀 수 없다. 우리가 살고 있는 현실과 크게 다르지 않아 영화를 보는 내내 가슴이 답답했다.

현실의 답답함은 공무원 시험을 준비하는 일명 '공시생公試生'으로 이어진다. 2016년 통계청이 발표한 경제활동인구조사에 따르면 국내 청년 취업 준비생 65만 명 중 25만 명이 공시를 준비한다. 비율로 보자면 40퍼센트에 해당한다. 이 수치는 2015년보다 3만 명이 늘어난 역대 최고치다. 이중 합격률은 10퍼센트 정도밖에 되지 않는다. 사실 해외 선진국의 대학 졸업자들에게는 공무원이 인기 직업이 아니다. 미국 연방공무원 중 30세 미만의 비율은 7퍼센트에 불과하다. 일반 사기업에서 30세 미만 직원 비율이 25퍼센트인 것과 비교하면 매우 낮은 수치다.

왜 이런 현상이 우리나라에서만 일어나는 것일까? 내 대학 후배는 32개월 차 공시족이다. 월 32만 원짜리 노량진 고시텔에 살면서 하루 8시간 수업을 듣고 저녁에는 월 15만 원짜리 독서실에서 공부를 한다. 끼니는 보통 4,000원짜리 고시촌 식당에서 해결하고 학원비는 4개월에 150만 원을, 교재비로는 200만 원을 썼다. 지난 3년 가까이 공시생으로 지출한 금액은 4,000만 원쯤 되고, 이 모든 비용은 부모님이 지불해주었다. 그렇다 보니 주말에는 눈치도 보이고 죄송스러워 집에 갈 수도 없다. 후배에게 왜 이렇게 공무원 시험에 목숨을 거느냐고 물어보았다. 그러자 "지원하는 모든 사람이 공정하게 승부를 볼 수 있는 유일한 시험"이라고 대답했다. 그 말을 듣고 후배에게 특별히 해줄 수 있는 말이 없었다.

연세대 졸업식엔 이런 현수막이 걸렸다. '연세대 나오면 뭐하나? 백순데!' 개인의 능력이나 교육수준으로도 상위계층으로 못 올라가는 사회. 그런 사회를 두고 사람들은 스스로의 신세를 한탄하거나 자조한다.

문제는 경제야, 바보야!

인간이 최소 비용으로 최대 효과를 찾는 합리적 소비를 추구한다는 가정은 경제학을 떠받치는 기본 전제다. '가격이 오르면 수요는 감소한다'는 유명한 신고전학파의 창시자인 알프레드 마샬Alfred Marshall의 수요법칙이 그것이다. 즉, 구매 여부를 결정할 때 가격이 높고 낮음에 따라 행동이 달라진다는 것이다.

그러나 구매자를 움직이는 또 다른 가격이 있다. 상위 1퍼센트를 위한 차, 유럽 왕실이 사랑한 시계, 200년 전통을 자랑하는 가방은 그냥 차와 시계, 가방과는 전혀 다른 양상을 보인다. 상상 이상의 가격임에도 불구하고 수요는 줄지 않고 오히려 증가한다. 이러한 현상을 '베블런 효과Veblen effect'라고 한다. 미국의 사회학자이자 사회평론가인 베블런Thorstein Bunde Veblen이 1899년 출간한 저서《유한계급론》에서 "상층계급의 두드러진 소비는 사회적 지위를 과시하기 위하여 자각 없이 행해진다"고 말한 데서 유래했다.

베블런 효과는 금수저 소비자들에 의해 이뤄지는 소비 형태로, 가격이 오르는데도 수요가 줄지 않고 오히려 증가하는 현상이다. 흙수저는 시도조차 할 수 없는 값비싼 귀금속이나 가전제품, 고급 자동차, 명품 가방을 소비하면서 부를 과시하거나 허영심을 채운다. 이러한 소비를 통해서 자신을 차별화하고 자신의 가치를 증명하려 한다. 결국 럭셔리는 그들만의 견고한 울타리가 된다.

상황이 이러하니 국내 대학생들 사이에 명품 소비 열풍이 일면서 일명 '명품족'으로 불리는 럭셔리제너레이션도 등장했다. 2000년대 이후에는 극소수의 상류층 고객만을 상대로 벌이는 마케팅 전략인 VVIP마케팅도 등장했다. 비록 세끼 내내 라면을 먹을지언정 명품 가방은 꼭 사고 말겠다는 생각을 가진 사람이 생각보다 많았기에 가능했다.

유럽 내 산업 연구단체 ECCIA에 의하면 럭셔리 분야의 상품과 서비스의 가치가 2010년부터 2013년까지 약 28퍼센트 성장했다. 이러한 럭셔리 산업은 2013년 유럽 전체 GDP의 4퍼센트를 차지했으며, 2010년 이후로 약 20만 개의 새로운 일자리도 만들어냈다. 럭셔리 산업은 향후 10년간 크게 상승할 것이라는 예측이다. 현재 약 9,855억 달러(1,066조 원)에 달하는 소비량이 2020년 1조 2천억 달러 규모의 어마어마한 수치로 성장할 것이며, 시장 규모도 넓혀갈 것이라는 전망이다.

경제상황이 이러하니 금수저는 명품 소비를 더욱 늘려 그들만의 리그를 꾸리고 흙수저와의 격차를 보란 듯이 드러낼 것이다. 문제는 흙수저인 누군가는 그들처럼 되기 위해, 그들의 리그에 편승하기 위해 매일 허황된 꿈을 꾸고 있다는 것이다. 이러한 산업의 변화가 수저론을, 계층 간 갈등을 더 부추기고 있다. 돈도 배경도 변변

찮아 기댈 데 없이 태어난 흙수저는 후대까지 그 처지를 벗어나기 어렵고, 돈 많고 능력 있는 부모 밑에서 금수저로 자라난 사람은 대대손손 그 지위를 이어간다면 이는 건강한 사회가 아닐 것이다.

"문제는 경제야, 바보야It's the economy, stupid." 이 어구로 1992년 미국 대선에서 빌 클린턴 후보는 당시 현직 대통령인 조지 허버트 워커 부시를 누르고 승리를 따낼 수 있었다. 흙수저도 노력하면 금수저가 되는, 의지를 가진다면 정해진 분파의 장벽을 벗어날 수 있는, 건강한 사회가 다가오길 희망해본다.

불황 속 호황, 작은 사치

나에게 허락하는 작은 사치

몇 년 전부터 지구 온난화로 전 세계 사람들이 찜통더위와 싸우고 있다. 설상가상으로 불황 때문에 경제적 풍요도 마음대로 누리지 못하는 상황이다. 찬물에 샤워하고 시원한 수박, 아이스크림을 먹는 것이, 하루 종일 틀어놓은 에어컨으로 전기 요금이 부담스러운 일상에 그나마 위안이 된다.

내가 어릴 때만 해도 아이스크림은 주로 쭈쭈바가 대세였다. 하지만 요즘은 고가의 프리미엄 아이스크림이 많이 출시되어 소비자의 입맛을 고급스럽게 만들었다. 그렇다면 여기서 퀴즈 하나, 요즘과 같이 저성장 불경기 속에서 가장 많이 팔리는 아이크스림은 저렴한 빙과류와 고가의 프리미엄 아이스크림 중 무엇일까?

친한 후배는 요즘 아침마다 밥이나 커피 대신 아이스크림을 사 먹는다. 푹푹 찌는 더위를 식히기 위해서다. 그가 즐겨 찾는 아이스크림은 편의점에서 파는 하겐다즈다. 얼마 전부터는 바 형태로 출시되어 부담 없이 먹고 있다. 그는 "불과 몇 년 전만 하더라도 4,000원이나 주고 아이스크림을 먹는다는 게 사치처럼 느껴졌는데 커피 값이나 아이스크림 값이나 크게 다르지 않아 별 부담 없이 먹고 있다"고 했다. 이처럼 불황에도 저렴한 빙과류보다 고가의 프리미엄 아이스크림을 찾는 수요가 늘고 있다.

국내 편의점 씨유에 따르면, 2016년 상반기 하겐다즈, 나뚜루 등 프리미엄 아이스크림 매출은 전년 같은 기간 대비 20퍼센트 증가했다. 반면 같은 기간 일반 아이스크림은 6퍼센트밖에 늘지 않았다. 경쟁업체인 세븐일레븐도 2016년 상반기 고급 아이스크림 매출이 15.5퍼센트 증가했고, 일반 아이스크림은 3.6퍼센트 오르는데 그쳤다. 이러한 수치는 편의점뿐만 아니라 기업형 슈퍼마켓이나 이마트, 롯데마트를 비롯한 대형 창고 매장에서도 프리미엄 아이스크림의 매출이 지난해 같은 기간보다 43퍼센트 늘어났고, 반면 일반 빙과류는 11.5퍼센트 감소했다.

불경기에는 소비자의 주머니가 가벼울 텐데 왜 프리미엄 아이스크림의 매출이 더 높을까? 여러 이유가 있겠지만 1인 가구의 수가 늘어나면서 자기를 위한 가치소비 성향이 높아졌기 때문이다. 고가의 제품이나 서비스를 누리는 것엔 머뭇거릴 수밖에 없지만, 커피나 케이크 등 디저트 문화에 익숙해진 요즘 프리미엄 아이스크림은 자신을 위한 일상의 작은 사치라고 생각한다. 아침에 출근할 때 밥값 가까이 되는 스타벅스 커피를 사 마시는 것처럼. 실제 씨유에서는 2016년 1분기 커피 등 디저트 매출이 전년 동기 대비 388.3퍼센트 급증했고, 같은 기간 GS25도 디저트빵과 냉장 디저트류가 각각 189.7퍼센트, 53.6퍼센트 늘었다.

이처럼 고가의 프리미엄 아이스크림에 대한 수요가 늘자 관련 업계도 소비자 잡기에 나섰다. 빙그레는 자사의 프리미엄 아이스크림 끌레도르의 패키지 디자인을 고급스러운 톤으로 바꾸고 신제품을 출시한 데 이어 투게더를 1인용 프리미엄 신제품으로 맞춤 제작한 시그니처 싱글컵을 출시했다. 하겐다즈는 여름을 맞아 '2016리미티드 에디션' 3종을 출시, '바나나 초콜렛 브라우니'를 판매하기도 했다.

불황에도 날개 돋는 경영전략

불황에는 불황에 맞는 경영전략이 있다. 일반적으로 불황기에는 술이나 화장품 등의 소비재가 많이 팔리는 것으로 사람들은 알고 있다. 그런데 요즘 같은 불황에는 의외로 청소용품이 더 잘 팔린다. 이러한 사실을 직접 증명하는 회사가 있다. 바로 일본 제1의 생활용품 업체인 카오花王다.

카오는 과거 10년 동안 집 청소에 대한 소비자의 움직임을 관찰했다. 장기 불황을 겪고 있는 일본은 실직이나 자율근무제도, 근무시간 단축 등의 영향으로 남편들이 집에 있는 시간이 훨씬 많아졌다. 카오는 이로 인해 사람들이 청소에 더 적극적인 태도를 취할 가능성이 높다는 것을 발견했다. '남편이 집에 오래 있을수록 청소 시간도 길어지고 또한 청소용품도 증가할 것이다'라는 가설을 증명하기 위해 대대적인 대청소 캠페인을 시작했다. 2만 5천여 개의 마트에서 '온 가족이 대청소를 합시다!'라는 슬로건을 내걸고 대청소 기획전을 추진했고 대청소 계획표와 대청소 가이드 플랫폼도 무료 배포했다.

2014년 카오에서 출시되었던 '반짝반짝 빛나는 시트 매직클린'은 성공 사례 중 빼놓을 수 없는 제품이다. 매직클린은 물을 묻혀 문지르는 것만으로도 구석구석 깨끗하게 닦이는, 범용성이 높은 시트 타입 청소용품이다. 2014년 10월 발매부터 6개월 동안 누계 출하량이 745만 개에 달했다. 이 제품 덕분에 연말 대청소 시즌에는 연마 및 스폰지 시장이 약 3배로 커졌다.

그렇다면 불황에 맞는 가격전략은 어떻게 짜야 할까? 불황에는 그에 맞게 무조건 가격이 저렴해야 고객이 관심을 가질까? 카오는 불황에는 무조건 저가로 승부해야 한다는 편견에 도전했다. 2008년 10월 내놓은 염색약 '브로네 거품 컬러'는 가격이 1,100엔으로, 일반제품보다 4배나 비쌌다. 하지만 두 달 만에 100만 개를 팔아치우며 업계 1위를 차지했다.

어떻게 해서 카오의 염색약이 이토록 빠르게 성공할 수 있었을까? 보통 염색을 할 때는 혼자서 하는 경우가 거의 없다. 혼자서는 구석구석 바르기도, 잘 됐는지 확인도 어려워 시간이 많이 걸리고 색은 제대로 나오지도 않기 때문이다. 또한 대부분의 염색 제품들이 크림 타입이어서 사용하기에 불편함이 많았다. 그래서 대부분 미용실에서 비싼 돈을 주고 염색을 해야 했다. 즉, 카오의 성공비결은 불황기 소비자들의 생활패턴을 끈질기게 관찰했기 때문에 숨은 욕구를 파악할 수 있었다. 그것도 비싼 가격으로.

그럼 지금까지 배운 내용으로 연습을 하나 해보자. 출장을 가는 경우 빠지지 않는 물품 중에 하나가 바로 양치 도구다. 양치를 할 때 가장 불편한 점은 무엇이었는가? 아마 치약이 없어 난감했던 경험이 다들 한 번쯤은 있을 것이다. 이런 경우 다른 사람에게 치약을 빌리거나, 급하게 사오거나, 그조차도 어렵다면 치약 없이 칫솔질만 하는 경우도 있다. 이럴 때 치약 없이 칫솔질을 할 수 있는 제품이 나온다면 어떨까? 그래서 나온 제품이 명품 칫솔 '미소카Misoka'다. 칫솔의 끝에 천연 미네랄 용액을 코팅해 물만으로도 이에 붙은 오염물질이 제거된다. 나노 미세가공이란 고급 기술을 적용해 만든 것으로 칫솔모 가공, 코팅 등 칫솔 하나를 제조하는 데 7명의 전문 연구원이 참여했다. 미소카 칫솔의 가격은 1080엔(11,000원)으로, 제품은 도큐 핸즈Tokyu Hands, 타카시마야Takashimaya 등 고급 잡화점이나 백화점에서 판매된다. 일반 칫솔에 비해서 2~3배 비싸지만 내 가방에도 언제나 미소카가 들어 있다.

불황의 시기에 돈 되는 사업이 또 있다. 바로 택배시장이다. 불황에는 주머니 사정이 가벼워진 소비자들이 온라인이나 홈쇼핑, 개인 간 직거래에 몰리는 경향이 있다. 특히 1인 가구가 늘어나면서 생수, 화장품, 옷, 책을 비롯한 생활용품, 가전용품, 주거용품 등 품목에 상관없이 택배로 상품을 전달받는 경우가 많아졌다. 통계에서도 나타나듯 국내 택배시장은 지난 20년간 두 자릿수 성장률로 꾸준히 시장 규모를 확대해왔다.

이러한 맥락에 맞춰 소비자의 심리를 꿰뚫은 기업이 바로 일본 택배업 1위를 지키고 있는 야마토 택배다. 야마토는 기존 택배 서비스와의 차별화를 위해 시큐리티 패키지 서비스, 택배타임 서비스, 핸드폰 위치 확인 등의 서비스를 개발했다. 덕분에 불황에도 부동의 1위 자리를 굳건히 지키고 있다. 최근에는 국경을 넘어 중국 2위 전자상거래 업체 JD닷컴과 제휴를 맺었다. 중국 소비자가 JD닷컴을 통해 인터넷으로 일본 제품을 주문하면 일본에서의 제품 픽업부터 중국 물류 거점까지의 수송을 일괄적으로 야마토 택배가 맡는 시스템이다. 중국 인터넷 쇼핑몰 대기업과 일본 물류 대기업이 손을 잡은 것은 이번이 처음이다.

불황에도 소비자는 분명 존재한다. 다만 소비하는 방식이 기존과 달라지는 것뿐이다. 그렇다면 소비자의 심리가 어떻게 달라지는지 포착하는 것이 창조의 방법이다. 관건은 기존 상식과 편견을 깨기 위해 집요하게 소비자를 관찰하는 것에 달려 있다.

소유보다
공유가 좋아요

무거우니까 부담도 두 배

글로벌 금융위기 이후 대한민국 조선 3사가 몰락의 길을 걷고 있다. 현대중공업, 대우조선해양, 삼성중공업이 2016년 상반기 5조 원대 최악의 손실을 기록한 가운데 임원을 포함한 최대 3천 명 규모의 구조조정을 단행했다. 더 큰 문제는 여전히 회복의 기미가 없는 업황 침체와 싸워야 한다는 것이다.

조선업의 불황은 우리나라에만 국한되는 것은 아니다. 2014년 전 세계 신조선박 투자는 전년 대비 30퍼센트 감소한 데 이어 2015년에는 또다시 전년보다 37퍼센트 줄었다. 시황 분석 전문기관인 클락슨에 따르면, 2016년 신조투자는 무려 69.1퍼센트 감소가 예상되는 등 전 세계적으로 조선업의 불황이 심각한 수준이다. 이러한 조선업의 불황은 연계 산업인 해운, 철강 산업까지 영향을 미치고 있다.

조선, 해양, 철강 산업의 공통점이 있다. 바로 무게가 무거운 기업인 중후장대형重厚長大型 산업이라는 점이다. 중후장대형 산업은 전통적인 산업 시대를 이끌어갔던 대표적인 산업군이다. 산업 시대에는 재산을 소유하는 것이 물리적으로 생존하고 번영하는 데 매우 중요한 일이었다. 그래서 넓은 땅을 사들이고 대형 공장을 세우고, 그곳에 기계장치를 비롯한 온갖 물리적 자산을 축적했다. 즉, 소유가 부의 원천이었다. 그런데 금융위기 이후 대부분이 기업들이 땅을 팔고, 사무실 공간을 축소하며, 재고를 없애고 있다. 자본설비를 구입하기보다는 필요한 물리적 자본은 빌려 쓰고 비용이나 경상비로 처리한다. 현재 우리나라를 비롯한 선진기업들은 기계, 설비, 운송 수단의 약 30퍼센트를 빌려 사용하고 있다.

오늘날 조선업이 불황을 겪는 이유를 경제학적 관점에서 보자면 글로벌 경기 침체에 따른 선박 수요의 감소와 중국 조선사의 추격, 전 세계적 공급 과잉 등을 들 수 있다. 하지만 실질적 이유는 따로 있다. 전통 산업에서는 판매자와 구매자가 시장의 주역이었지만 이제는 공급자와 사용자가 주역이라는 점이다. 인터넷, 스마트폰, 가상현실 등이 주류를 이루는 4차 산업혁명의 경제구조에서는 전통시장을 통해 거래되는 횟수가 획기적으로 줄어들고 자원의 공유, 이익 공유 활성화가 주요 관건이다. 따라서 전통산업이 추구했던 소유에는 기본적으로 한계가 생겼고, 소유를 통한 경제활동은 하루가 다르게 휙휙 바뀌는 풍토에 적응하기에는 너무 속도가 느리다. 전통산업처럼 소유에 집착하면 점점 체중이 불어나서 초경쟁 시대의 경쟁 환경에 맞춘 발 빠른 변신이 불가능하다. 결국 몸무게가 무거운 중후장대형 산업은 주역산업군보다는 유지산업군으로 살아남을 것이다.

가벼운 기업의 시대

지금의 경제는 가벼운 기업들이 유리한 고지를 점하고 있다. 마이크로소프트, 구글, 페이스북, 아마존, 나이키, 애플 등이 대표적인 기업이다. 특히 나이키는 내세울 만한 공장도, 기계도, 설비도, 부동산도 없다. 동남아시아에 광범위한 생산체제를 구축하고 그 지역에 모든 생산을 아웃소싱한다. 광고와 마케팅도 아웃소싱한다. 다만 나이키는 개념만 판다. 소유보다는 개념의 공유를 통해 제품을 생산하고 판매한다.

공유를 통한 사업은 여러 가지 장점이 있다. 첫째, 해당 기업은 돈 버는 행위에만 집중하고 수익 창출과 관련 없는 행위는 지원 외부 지원기업에 맡길 수 있다. 둘째, 주변 업무나 인프라를 구축하는데 돈을 쓸 필요가 없다. 셋째, 해당 분야의 전문가에게 일을 맡겨 저렴한 가격으로 질 좋은 서비스를 받을 수 있다. 마지막으로 변화하는 시장의 상황에 유연하게 대처할 수 있다.

그래서일까. 미국 〈포춘〉지가 선정한 100대 기업을 살펴보면 구글, 아마존, 애플, 버라이즌, GE, 마이크로소프트, 시스코, 오라클, UPS 등의 순서다. 이 중 중후장대형 산업은 GE밖에 없다. 그런데 GE마저도 유휴지를 매각하고 산업인터넷을 도입하면서 가벼운 기업으로의 변신을 꾀하고 있다.

이러한 흐름은 기업에만 국한되지 않는다. 2008년 세계 금융위기 시점과 스마트폰 및 무선 인터넷 보편화가 세계적으로 확장되면서 공유경제가 트렌드로 부각되기 시작했다. 그러면서 개인의 삶에도 공유경제는 보편적 문화로 자리 잡았다. 우리나라에서는 대표적으로 웅진그룹이 정수기 렌탈 사업을 시작하면서 소유의 개념이 희석되고 공유의 개념이 확대되었다. 이후 부지, 공장, 장비, 창고, 자동차, 사무실, 심지어 방과 옷도 공유한다. 이러한 공유재는 사용빈도가 낮거나 일정 기간 동안 사용하는 자산으로 인터넷에 접근할 수 있어야 하며, 공유경제의 가치는 공동체가 이러한 자산을 소유할 필요성을 감소시키는 데서 나온다. 공유경제의 대표적인 카셰어링 산업은 빠른 속도로 성장하고 있다. 2016년 6월 기준으로 국내업계 1·2위를 다투는 쏘카와 그린카의 회원은 합계 360만여 명으로, 두 업체가 전국 서비스를 본격 시작한 2013년 말 20만여 명 대비 18배로 커졌다. 이 정도의 산업규모를 확보하다 보니 글로벌 완성차 업체들이 앞다투어 투자하고 있다. 제너럴모터스는 카셰어링 업체 리프트에 5억 달러를 투자했고, 폴크스바겐은 이스라엘 기반 카셰어링 업체 겟Gett에 3억 달러를 출자했다. 도요타는 세계 최대 카셰어링 업체 우버와 업무협약을 맺었다.

사실 자동차는 소유 중심의 시대에는 개인의 성공을 재는 중요한 잣대였다. 대부분의 사람들에게 자동차를 산다는 것은 소유 관계가 중심이 되는 성인의 세계로 들어가는 일종의 통과 의례와도 같았다. 그런데 이제는 자동차처럼 소유를 통해 청소년에서 성인으로 넘어가는 징검다리 역할의 개념이 사라졌다. 아! 그래도 운전면허증은 남았다.

그렇다면 개인들은 왜 소유보다 공유를 즐길까? 근본적인 이유는 경제적 불황에 있다. 경제적 압박이 혁신적이고 비용이 덜 드는 방법을 시도하도록 만든 거다. 물가는 해가 다르게 오르는데 수입은 제자리걸음이다. 그러니 수입에 비해 지출이 많아지고 저축은 꿈도 꿀 수 없다. 말이 공유경제지, 공유를 선택할 수밖에 없는 사람에게는 씁쓸한 경제 단어가 아닐 수 없다. 그래서 기업들은 단순히 물건만 빌려주는 것이 아니라 관계를 함께 판다. 물건의 양과 질보다는 고객과 장기적인 유대관계를 맺고 위로와 공감의 개념으로 상품을 판다. 산업 시대에는 소비자에게 물건을 팔면 무료 애프터서비스를 제공해주었는데, 요즘은 애프터서비스를 통해 고객과 장기적 관계를 맺겠다는 계산으로 상품을 아예 공짜로 제공하는 기업이 늘어나고 있다. 요즘 인터넷이나 모바일에서 하는 대부분의 게임도 공짜로 제공하여 선先 관계를 맺고 후後 추가적인 서비스를 제공하는 형태다.

이러한 경제구조의 변화는 혼인율에도 영향을 미쳤다. 2015년 통계청에 따르면 인구 1천 명당 혼인 건수가 1970년 통계가 작성된 이래 최저치를 기록했다. 2014년 혼인·이동통계에 따르면 2015년 혼인은 30만 5,500건으로 전년 대비 1만 7,300건이며 비율로는 5.4퍼센트 감소했다. 이는 2003년 30만 2,503건 이후 최저 수준이다. 낮은 혼인율의 가장 큰 요인은 혼인적령기, 특히 적령기 여성의 인구가 감소하고 있다는 것도 있지만 실질적 이유는 저성장, 불황의 기조가 계속되면서 소유의 개념이 흐려졌다는 점이다. 결혼은 법적으로, 공식적으로 서로에 대한 책임감을 소유하는 행위다. 어려운 상황 속에서 굳이 자신을 희생해가며 소유하고 싶지 않은 거다. 무거운 기업처럼 공식적 가족을 꾸리기보다는 가볍게 살면서 자신이 원하는 인프라에 집중하고 싶은 것이다. 공유경제가 낳은 또 다른 병폐다.

냄비근성이 경쟁력이 되려면

앞으로는 어떤 경제가 펼쳐질까? 큰맘먹고 2년 약정에 삼성 갤럭시 7을 샀는데 한 달 후에 갤럭시8이 출시되어 씁쓸했던, 비슷한 경험을 다들 해봤을 것이다. 현재의 시장 트렌드는 빛의 속도로 변화되고 있다. 고객의 요구 사항과 경쟁자들의 잦은 출현은 불확실성과 리스크를 더욱 가중시킨다. 이러한 시장 상황에서는 즉각적인 시장 대응과 빠른 의사결정이 해결책이다. 따라서 앞으로는 '속도의 경제Economy of speed'가 더욱 가속화될 전망이다. 주문 생산이 일반화되고 끊임없는 혁신과 업그레이드가 이루어진다. 신제품의 수명이 점점 단축되는 21세기에는 모든 것이 하루아침에 과거가 된다. 변하지 않는 것은 변화밖에 없다.

Economy of Size → Economy of Scope → Sharing economy → Economy of Speed

(규모의 경제) (범위의 경제) (공유의 경제) (속도의 경제)

그래도 다행스럽게 우리나라의 대표적인 속성에 '냄비근성'이 있다. 냄비근성이란 냄비가 빨리 끓고 빨리 식듯이 어떤 일이 있으면 흥분하다가 시간이 지나면 금세 잊어버리는 성질을 말한다. 끈기와 인내력의 정반대 개념으로 일반적으로 우리 사회에서는 부정적인 속성으로 통한다. 한때 서양인들은 대한민국을 두고 '샴페인을 너무 빨리 터트린 나라'라고 비아냥거리기도 했다. 그러나 다른 관점에서 바라보면 냄비근성에도 긍정할 만한 점이 있다. 바로 '나설 때는 과감히 나서고, 털어버릴 때는 깨끗이 털어버린다'는 점이다. 즉 잦은 실패로 두려움을 느끼기보다 과감히 새로운 도전에 주저 없이 나선다는 의미를 내포하고 있다. 냄비근성을 경쟁력으로 활용할 방법을 모색해야 한다.

오늘날 전 세계 어디서나 즐기는 카카오톡도 냄비근성의 결정체다. 2009년 아이디어 상품으로 친구 추천 기능을 갖춘 카카오톡, 마이크로 카페 형태의 카카오 아지트, 그리고 동영상과 사진을 곁들인 채팅 카카오 수다를 동시에 시장에 내놓고, 그중 가장 반응이 좋았던 카카오톡을 빠르게 선택하고, 그 이후 사용자들의 반응을 보면서 업데이트하는 방법으로 한국의 대표 메신저가 된 것이다.

구글, 애플, IDEO를 비롯한 글로벌 기업들은 남들보다 빠르고 신속하게 대응하는 것을 'Quick & Dirty'라고 한다. 한마디로 대한민국의 냄비근성이 'Quick & Dirty'인 셈이다. 얼마 전 세계적인 정보기술 서비스 기업인 IBM은 '디자인 속도 경영'에 박차를 가한다고 전했다. 내용은 다음과 같다. 그동안 새로운 제품이나 서비스를 개발할 때 시장조사 → 제품개발 → 테스트 → 판매 방식을 썼다. IBM의 이 같은 방식은 관료주의적이고 시간이 오래 걸려 급변하는 IT 환경에 맞지 않는다고 국내 임원들은 판단했다. 따라서 디자이너들이 자신이 필요한 물건을 직접 제작한다는 느낌으로 제품을 개발하면 속도가 훨씬 빨라질 것이라고 생각했다. 냄비근성이 IBM의 주요 경영전략이 된 셈이다.

사실 삼성전자의 성공 비결 중에서도 냄비근성을 빼놓을 수 없다. 윤종용 전 부회장이 국내 한 언론과의 인터뷰에서 이런 말을 남겼다. "전자업계의 시장 변화가 워낙 빠른 점을 감안해, 삼성전자는 어떤 방향으로 일을 진행하다가 잘 안 되거나 상황이 바뀌면 곧바로 중단하고 다른 방향으로 일을 진행하는 것을 잘했습니다." 예를 들면 이런 식이다. "반도체 생산라인 하나를 신설하는 데 1년 정도 걸리는데, 계획서 잘 짜놓고 진행하다가 6개월 뒤에 스톱하기도 했어요. 그런 일이 자주 반복되니까 밑에 있는 사람들은 다들 그에 맞춰 생각하고 행동합니다. 그러나 생산라인 건설을 담당하는 삼성물산 쪽에선 난감해했죠." 삼성전자가 일본 기업을 이긴 비결이라고 평가받는 빠른 결정은 결국 냄비근성의 한 사례다.

손자의 유명한 경구 중 이런 말이 있다. "큰 것이 작은 것을 잡아

먹는 것이 아니라, 빠른 것이 느린 것을 잡아먹는 법이다." 동서고금을 막론하고 이제 인류의 각종 혁신, 혁명, 창조, 지식의 이동은 속도의 패권을 두고 경쟁하고 투쟁하는 과정이다. 빠른 것이 경쟁력의 원천이 되었음을 유념해야 한다.

우리나라에서 1965년 말 100대 기업 중 35년 후까지 살아남은 기업은 두산, LG전자를 비롯한 16개에 불과하다. 미국 경제 잡지 〈포춘〉이 1970년에 선정한 500대 기업 중에서 30년 뒤까지 생존한 기업은 30퍼센트에 불과하다. 따라서 지속적으로 혁신하지 않으면 그 기업은 도태되고 만다. 그러나 우리에게는 대한민국 태초의 속성인 냄비근성이 있다. 이제는 냄비근성을 '부정의 속성'이 아니라 '창조의 도구'로 끌어내어 가속화해야 한다.

3장 가까운 미래

베짱이의 여유가
개미의 성실함을 이길 때

워커홀릭 개미의 왕년

꽃이 만발한 평화로운 봄날, 베짱이가 나무 위에 앉아 연주를 하고 있다. 그의 연주에 박자를 맞추듯 나뭇잎이 위아래로 흔들거린다. 음악 소리에 이끌려 아름다운 나비가 날아온다. 베짱이와 나비가 봄을 만끽하며 대화를 나누는 동안, 개미는 묵묵히 나무를 하고 있다.

연주를 마친 베짱이가 딱정벌레 한 쌍과 술을 마신다. 술에 취한 베짱이가 지나가던 개미를 밀어 넘어뜨린다. 그러고는 아무 일도 없었다는 듯 테이블 위에 올라가 다시 연주를 시작한다. 베짱이는 바이올린을 술병으로 착각해 입에 대고 술 마시는 시늉을 한다. 개미는 아랑곳하지 않고 줄곧 부지런하게 나무를 하고 있다. 베짱이는 계속해서 바이올린을 연주하며 즐거운 시간을 보낸다. 개미가 열심히 일해 통나무집을 완성해가는 동안에도 베짱이는 여전히 춤을 추며 바이올린을 연주한다.

시간이 흘러 날씨가 쌀쌀해졌다. 차가운 바람에 나뭇잎이 하나둘 떨어지는 동안에도 베짱이는 바이올린을 연주하며 행복한 시간을 보낸다. 딱정벌레가 낙엽 이불을 덮고 겨울잠에 들어가지만 베짱이는 아랑곳하지 않는다. 이윽고 혹독한 추위가 다가오자 베짱이는 더 이상 춤도 연주도 하지 못하고 개미의 집으로 향한다.

"우리의 인연을 생각해서라도 날 버리지 마. 제발 봄이 올 때까지만 먹을 것과 따뜻한 잠자리를 내어줄 수 있겠니?"

베짱이의 부탁에 개미는 고개를 저으며 답한다.

"연주는 다 끝났니? 잘됐네. 그럼 이제 못다 춘 춤이나 추려무나."

개미가 오두막의 문을 닫고 들어가자 베짱이는 어쩌지 못하고 힘없이 발길을 돌린다. 베짱이는 즐겨 연주하던 바이올린을 옆에 둔 채, 차가운 하얀 눈밭 위에 누워 최후를 맞이한다.

위 이야기는 이솝 우화 중 하나인 개미와 베짱이 이야기로, 미래를 위해 계획하고 평소 근면성실하게 일하는 가치에 대한 도덕적 교훈을 준다. 개미는 벌과 마찬가지로 여왕개미, 수개미, 일개미로 나뉜다. 일개미는 식량을 모으는 일, 사냥하는 일, 기르는 일을 담당하고 여왕개미는 산란을 하는 등 각자의 역할과 책임이 있다. 이처럼 우리는 개미를 작지만 부지런하고 일을 열심히 하는 동물로 인식한다. 작은 사람이 큰일을 할 때 '개미가 절구통을 물고 나간다'라고 하고, 근면하고 저축을 잘할 때 '개미 금탑 모으듯 한다'라고 비유한다.

이러한 개미의 사고방식과 인생철학은 오늘날까지 인간에게 큰 의미를 주었다. 농경사회를 거쳐 산업사회 및 정보화사회를 살아가는 동안 인간에게 삶의 역동성을 부여하고 미래에 지혜롭게 대응하는 방식을 가르쳐주었다. 개미는 항상 근면성실의 아이콘으로 인간세상을 지배해왔다.

달인이 살기 어려운 시대

2005년 4월부터 지금까지 꾸준한 사랑을 받고 있는 장수 TV 프로그램이 있다. 바로 〈생활의 달인〉이다. 수십 년간 한 분야에 종사하며 부단한 열정과 노력으로 달인의 경지에 이른 사람들의 이야기가 담겨 있는 이 프로그램은 그 자체가 하나의 다큐멘터리다. 비록 소박한 일상이지만 평생을 통해 최고가 된 그들의 경지를 목격하는 순간엔 감탄사가 절로 나온다.

달인은 오랜 기간 동일 업종에 종사하면서 노력과 반복을 통해 숙련된 기술을 보유한 사람들이다. 수십 년 동안 묵묵히 그 자리에서 우리나라의 경제발전을 견인한 장본인이기도 하다. 7시에 퇴근이지만 밤새워 일하고, 두 시간 걸리는 일을 한 시간으로 줄이는 돈내기 정신을 미덕으로 여겼다. 이처럼 개미와 같은 근면성실함이 70~90년대 경제성장을 이끌었고 그 정신이 오늘날 대한민국을 부유하게 만들었다. 그러나 달인의, 개미의 근면성실함이 4차 산업혁명에도 그 빛을 발할 수 있을까?

경제협력개발기구OECD에 따르면 한국인 취업자의 연간 근로시간은 1인당 2,124시간에 이른다. 이는 OECD 회원국 평균의 1.2배로, 근로시간이 가장 적은 독일의 1.6배나 되는 수치다. 이 수치를 보면 한국 사람들은 개미와 같이, 달인과 같이 근면성실하게 일했음을 알 수 있다. 투입된 근로시간이 많으면 노동생산성도 높아야 하는데, 한국은 근무시간이 적은 독일, 미국, 일본에 비해 생산효율이 현저히 낮다. 산업형태, 설비환경, 숙련도 등의 차이가 있긴 하겠지만 개미처럼 일하는 근면성실한 문화 자체가 이제는 한계에 봉착했다는 신호다.

4차 산업혁명은 각각 나눠져 있던 개인 컴퓨터의 지식과 프로세스가 통신을 통해 범인류적인 인공지능으로 개발, 통합되는 시기다. 이러한 기술은 인류의 뇌인 인공지능과 육체인 대량생산이 결합되어 낭비와 결핍이 없는 완벽한 주문 생산을 가능하게 한다. 쉽게 해석하자면 단순 반복적인 업무뿐만 아니라 창의적인 일까지 로봇과 인공지능이 인간을 대신할 수 있다는 거다. 이제 우리 일상을 채우고 있던 생활의 달인은 로봇과 인공지능으로 대체되고, 인간에게 도덕적 교훈을 준 개미의 근면성실함은 별다른 쓸모를 못 느끼고 사라질 것이다.

각종 언론매체의 분석에 따르면, 4차 산업혁명과 관련된 한국의 기술수준은 선진국 대비 평균 5~7년 정도 뒤처져 있다. 그 이유는 무엇일까? 대한민국의 대표 장점으로 꼽히는 근면성실함이다. 당장 무언가 열심히 해야 하는 근면성실한 태도는 단기 수익모델에만 집착하게 만드는 단점이 있다. 4차 산업혁명 시대에는 180도 방향 전환을 해야 하는데, 달인의 태도는 재빠른 기술 개발 속도와는 반대로 가는 구조다.

'일찍 일어나는 새가 벌레를 잡는다'는 속담이 있다. 이는 3차 산업혁명까지만 통하는 진리였다. 지금은 4차 산업혁명의 시대다. 일찍 일어나는 새는 일찍 일어나는 벌레만 잡는다. 이제는 일찍 일어나지 않는 벌레까지 잡아야 한다. 따라서 부지런히 몸을 움직이는 달인의 형태로는 4차 산업혁명의 산업을 따라가지 못한다. 요약하자면 현재 시장은 지구력 있는 업무의 달인보다는 순발력 있는 창조가가 필요하다는 것이다.

이를 증명하듯 알파고를 개발한 구글 딥마인드의 데미스 하사비스Demis Hassabis는 스페이스 인베이더 게임을 보여주면서, 처음에는 아기 수준에서 경험이 조금씩 쌓여 하룻밤 사이에 게임의 달인으로 변하는 인공지능을 소개했다. 목표를 이루기 위한 최선의 방법을 스스로 깨닫는 원리다. 달인이 되기 위해서는 적어도 몇 달 아니 몇 년이 걸리는데 말이다.

한때 〈개그콘서트〉 코너 중에서 김병만이 진행하는 '달인'을 만나다'가 엄청난 인기를 끌었다. 이는 2007년 12월부터 2011년 11월까지 4년간 진행된 최장수 코너였다. 개그콘서트의 간판 코너로서 시청자의 사랑을 받던 김병만은 왜 달인을 그만두고 정글로 갔을까? 그것은 아마도, 근면성실하기만 한 개미의 시대가 수명을 다했음을 먼저 인지했기 때문은 아니었을까.

베짱이, 4차 산업혁명의 인재상

그렇다면 밀물처럼 다가오는 4차 산업혁명에 우리는 어떻게 대응해야 할까? 그것은 간단하다. 개미가 아니라 베짱이처럼 하면 된다. 베짱이처럼 더 편하게, 더 게으르게, 더 즐기면 된다. 다시 말해 몸의 달인이 아니라 생각의 달인이 되어야 한다는 의미다. 사실 인류 산업의 근간은 베짱이의 사고가 바꿨다고 할 수 있다. 직접 수레를 끌던 사람이 어떻게 하면 좀 더 편하게 이동할까 고민하다가 증기기관이 나타났고, 어떻게 하면 쉽고 편하게 대량생산을 할 수 있을까 고민하다가 자동화 기계가 개발되어 규모의 경제가 도래했다. 또한 기억과 계산을 더 쉽고 편하게 할 방법을 고민하다가 컴퓨터가 등장했고, 이제는 더 편하게 시스템을 관리하고 생산성을 배로 높이는 방법을 고민하다 인공지능이 등장한 것이다.

이러한 논리를 개미가 들으면 땅을 치며 억울해 하겠지만 이제는 열심히만 일하는 시대는 저물었다. 반대로 베짱이가 되어야 한다. 물론 여기에는 조건이 있다. 더 편하고 더 게으르고 더 즐기기 위한 고민을 치열하게 해야 한다.

✓ 난 쉬고 이 일을 컴퓨터가 하게 하려면 어떻게 해야 할까?

✓ 직원 관리하기 힘든데, 최소한만 신경 쓰고 나머지는 로봇이나 소프트웨어가 하게 하면 어떨까?

✓ 수많은 공정을 줄이고 하나의 공정으로 제품을 만들려면 어떻게 해야 할까?

✓ 제품을 만들기만 하면 알아서 팔리는 마케팅 방법은 없을까?

소크라테스는 "자기 자신과 불일치하는 것보다는 세계 전체와 불일치하는 편이 낫다. 나는 통일체니까"라고 했다. 이는 시대와의 불일치를 겪을 수밖에 없는 인간의 숙명을 대변한다. 그러나 대부분의 사람들은 세상과 자신을 일치시키려는, 자기 합리화를 강조한다. 왜냐하면 불일치는 불편과 고통을 수반하기 때문이다. 베짱이는 자신과 세계의 불일치를 즐기는 존재다. 그래서 그는 추위나 배고픔과 같은 불편함과 고통 속에서 새로운 불일치를 찾아 나선다. 김병만이 〈개그콘서트〉의 달인 코너를 버리고 정글로 간 것처럼.

4차 산업혁명에서 베짱이가 주는 또 다른 의미가 있다. 사람의 지능을 넘어서는 인공지능이 만들어지면 포스트휴먼의 시대가 도래할 것이고, 우리는 불안을 느끼게 될 것이다. 따라서 베짱이처럼 잘 놀고 잘 쉬는 것이 중요하다. 불안하다고 인공지능이나 로봇이 우리 인간을 위로해주지 않기 때문이다.

가난은 창작을 귀찮게 해

분류하기도 어려운 빈곤들

빈곤은 기본적인 생활수준을 달성할 능력이 없는 상태를 말한다. 즉, 자원의 결핍으로 인해 기본적인 물질적 욕구를 충족시킬 수 없는 상태가 바로 빈곤이다. 빈곤은 크게 두 가지로 정의된다. 하나는 절대적 빈곤이요, 다른 하나는 상대적 빈곤이다. 절대적 빈곤이란 기본적인 인간의 욕구를 충족할 수단이 전혀 없는 상태다. 육체적 효용성을 유지하는 데 필요한 최소한의 생필품을 획득하기도 힘든 상황이라고 말할 수 있다. 이러한 절대적 빈곤은 경제성장을 통해 어느 정도 해결할 수 있을 것으로 학자들은 판단했다. 그러나 과거에 비해 큰 경제성장을 이뤘음에도 불구하고 현재 수많은 사람들이 최소한의 수준에 도달하지 못하는 절대적 빈곤에 시달리고 있다.

한국은 OECD 국가들 가운데 빈부격차가 가장 큰 나라다. 상위 10퍼센트와 하위 10퍼센트 간의 격차가 OECD 평균 5~7배인데 우리나라는 11배다. 광범위한 빈곤층이 형성되면서 절대적 빈곤에 내몰리는 사람들이 적지 않다. 월급 200만 원을 못 받는 근로자가 1,100만 명이다. 그래도 이들은 양호한 편이다. '열정페이' 때문에 청년 근로자는 최저임금조차 받지 못한다. 만 15~29세 근로자는 2013년 3월 45만 명에서 2016년 3월 63만 명으로 3년 새 18만 명이 급증했다. 이들의 월 평균 임금은 80만 6,000원으로 일반 근로자들의 월 평균임금 195만 원의 41.5퍼센트에 불과하다.

문제는 이런 절대적 빈곤층에 해당되는 계약직, 일용직 근로자가 차지하는 비율이다. 불황의 직격탄을 맞은 대우조선해양은 전체 3만 명에 달하는 직원 중에 정규직은 1만여 명에 불과하고, '물량팀'이라 불리는 재하청 계약직, 일용직 근로자들이 나머지를 차지하고 있다. 공공기관은 이보다 상황이 더욱 심각하다.

절대적 빈곤층의 실질적인 문제는 따로 있다. 이러한 조직 인력의 구조 속에 그들이 내는 성과다. 고용이 불안정하니 항상 여유가 없고 마음이 불편하다. 6개월 혹은 12개월 형태의 계약직이라면 입사와 동시에 이직할 회사를 알아봐야 한다. 업무 중 40~50퍼센트는 이직할 회사를 찾거나 이력서를 손보는 데 여념이 없고, 어차피 6개월, 1년 근무하고 나갈 곳이기 때문에 형식적으로 출근하고 업무를 한다. 꿈이나 희망 같은 사치스러운 단어는 생각지도 않는다. 그러니 이들에게 창의성은 고사하고 질 높은 성과란 찾아보기 어렵다. 정규직인 상사는 이를 알고도 방치한다. "어쩔 수 없잖아요"라며 현실을 한탄할 뿐이다.

2015년 인구주택총조사 결과 1인 가구가 520만 가구로 전체 가구의 27.2퍼센트를 차지했다. 4가구 중 1가구 이상이 '나 혼자 산다'는 거다. 이들의 대부분은 절대적 빈곤층이다. 1인 가구의 52.1퍼센트가 단독주택에 거주하고, 20세 미만 1인 가구의 71.7퍼센트가 단독주택에 거주한다. 타지의 단독주택에 거주하는 대학생부터 비정규직, 일용직 근로자들이 해당된다. 이들에게는 경제적 여유뿐만 아니라 정신적 여유도 없다. 여유가 없으니 업무에 집중하지 못하고 서두르다가 실수를 하기 쉽다. 조직에서 성과를 보여줄 시간적 여유도 없다. 업무시간에도 재량권이 없이 계속 끌려 다니기만 하니 도전의식이나 열정 같은 건 남의 나라 얘기다. 그러다 결국 일이 손에 익을 만하면 이직한다. 이러한 악순환이 직장에서 좋은 성과를 내기 어려운 이유다.

이들을 응원이라도 하듯 나온 방송 프로그램이 있다. 〈나 혼자

산다〉이다. 혼자 사는 연예인들의 일상을 가식 없이 드러내는 프로그램이다. 시청률도 꽤 높다. 이 프로그램이 인기 있는 이유는 뭘까? 동질감의 표현일까? 아니면 향후 혼자 살 수밖에 없으니 미리 인생 선배들의 사전 학습을 하고 싶은 걸까? 그냥 웃고 지나치기에는 아픈 현실이다.

너도 나도 힘들다

상대적 빈곤은 말 그대로 상대적인 개념이다. 특정 사회에서 일반적으로 향유하고 있는 상품과 서비스를 향유하지 못하는 상태를 말한다. 예를 들면 보편적인 생활필수품인 스마트폰이 없어 인터넷에 접근하지 못하는 경우나, 냉장고가 없어 냉동이나 냉장 보관을 할 수 없는 경우가 해당된다. 스마트폰이나 냉장고가 없다고 절대적으로 빈곤한 건 아니지만 일반적 또는 보편적으로 누려야 하는 사회, 경제, 문화적 서비스를 즐기지 못하므로 이는 상대적 빈곤에 처한 경우다. 우리나라의 상대적 빈곤율은 15.3퍼센트로, OECD 국가 중 일곱 번째로 높다.

절대적 빈곤층의 대부분이 무직자, 계약직, 시간근로자 등이라면 상대적 빈곤층은 화이트칼라와 블루칼라가 해당된다. 이들은 정규직이다. 정년이 보장되기 때문에 노동 안정성이 있다. 그러나 이들 역시도 빈곤하다. 가난의 정의를 찾아보면 '살림살이가 넉넉

하지 못함, 또는 그런 상태'를 말한다. 즉, 경제적 의미를 대부분 강조한다. 하지만 미국 하버드대 경제학자인 센딜 멀레이너선Sendhil Mullainathan과 프린스턴대 심리학자인 엘다 샤퍼Eldar Shafir가 저술한 《결핍의 경제학》이란 책에서는, 가난이란 경제적 여유뿐만 아니라 '뇌의 여유, 즉 정신적 여유가 결핍된 상태'로 정의한다. 경제적으로 어렵지만 경제적 여유가 충족되지 못하니 정신적으로도 고갈되는 상태라는 뜻이다. 절대적 빈곤층은 수중에 돈이 없으니 제품, 서비스 등을 사거나 혜택을 입는 것에 엄두를 내질 못한다. 하지만 상대적 빈곤층은 원하는 제품을 구매하거나 서비스를 받을 수 있다. 하지만 늘 기회비용은 존재한다. 그러니 정신적, 심리적 스트레스는 더 가중된다. '조금만 더 벌면 되는데'라는 아쉬움을 가지면서 말이다.

그렇다면 상대적 빈곤층은 경제적 여유를 느낄 수 있을까? 위에서도 언급했지만 상대적 빈곤층은 대부분 정규직이다. 차근차근 근무하면 대리에서 과장, 부장으로 승진할 수 있다. 이런 개념이라면 부가 쌓이고 경제적 여유가 생길 수 있다. 그런데 문제는 나 혼자만 사는 게 아니라는 거다. 대리일 때는 혼자였는데 과장, 부장으로 승진하면서 가정이 생기고 가장이 된다. 과장, 부장으로 승진하면서 월급은 올라가지만 씀씀이는 혼자보다 배로 커진다. 교육비, 학원비, 양가 부모님 용돈, 집 전세, 월세 비용, 자동차 유지비, 통신비, 의류비, 먹거리 등의 비용이 눈덩이처럼 불어난다. 비용의 규모가 커지니 투잡, 쓰리잡을 할 수밖에 없다. 오늘날 가장들이 대리운전을 하고 치킨 배달을 하는 이유다. 이조차도 해결이 안 되니 아내까지 직업 전선에 뛰어들 수밖에 없는 거다. 빡빡하게 돌아가는 일상 속에서 경제적, 정신적 여유는 고사하고 잠깐의 여유도 고통의 공간으로 채워진다. 이런 상황에 신형 스마트 냉장고, 미세먼지를 빨아들이는 청소기, 무풍 에어컨을 맘 편히 산다는 건 있을 수 없는 일이다. 남들은 다 사는데 나만 못사니 배가 아프고 나의 현실에 숨이 막힌다. 결국 상대적 빈곤층 역시 경제적 여유는 생기지 않는다.

지금까지 절대적 빈곤과 상대적 빈곤에 대해서 살펴봤다. 이 중 당신은 어느 빈곤층에 해당되는가? 아니면 어느 빈곤층에도 해당하지 않는다고 생각하는가? 결론부터 말하자면 인간은 모두 빈곤하다.

앞서 설명한 베블런 효과를 떠올려보자. 사회학자 베블런이 1899년 출간한 저서《유한계급론》에서 주장한 이론이다. 이는 '값이 오르면 수요는 감소한다'라는, 케임브리지 학파의 창시자인 알프레드 마샬이 주장한 경제학 원리와 정면 대치되는 이론이다. 베블런은 인간은 결코 똑같은 것을 추구하지 않으며, 남보다 더 부유하고 아름다우며 보다 나은 삶을 영위하길 바란다고 강조한다. 게다가 자신의 모습에 대해 혼자서만 만족하는 데 그치는 것이 아니라, 가능한 한 많은 사람들 앞에서 그런 자신의 모습을 과시하고 싶어 한다.

문제는 이런 소비가 당사자들에게는 '제로섬 게임'으로 작용한다는 점이다. 아는 누군가 명품 가방을 들고 다니면 나도 그 정도는 가지고 있어야 한다. 누군가 롤스로이스를 타면 나는 벤틀리나 마이바흐 정도는 타줘야 하는 것처럼 말이다.

상대가 가진 것보다 더 갖고 싶어 하는 심리, 이런 모습 또한 상대적 빈곤이다. 빌 게이츠가 기부하면 워런 버핏도 기부한다. 그것도 빌 게이츠보다 높은 금액으로. 부동산 부자로 알려진 미국 대통령 도널드 트럼프의 자산은 45억 달러에 이른다. 우리나라 돈으로 약 5조 2,000억 원에 달한다. 그의 상대적 빈곤은 무엇일까? 바로 명예다. 그래서 최고 명예의 전당인 미국 대통령이 되고 싶었던 거다.

상대보다 더 갖고 싶어 하는 심리는 하나의 울타리로 작용한다. 그것은 계층 간의 격차를 나타내고 차별화한다. 과거 오스트레일리아 북동쪽 태평양의 섬에 사는 멜라네시아의 어떤 부족들은 다른 부족에게 선물을 받으면 반드시 그보다 더 많은 선물로 보답했다. 만약 어느 부족장이 더 많은 선물로 상대방을 감동시키지 못하면 부족민들의 존경과 권력을 잃고 만다.

결국 모든 인간은 빈곤하다. 그것이 절대적이든 상대적이든 관계없이 지금보다 나은 계층으로 성장하고 싶어 한다. 과시적 소비나 명예를 위한 행동이 빈번하게 관찰되는 것은 성공적으로 인식되었을 때 손에 얻게 되는 결과물 때문이다. 그것은 다름 아닌 명성prestige이다. 명성은 타인의 눈에 비친 평판이나 가치 평가, 여론에 미치는 영향력이나 비중이라고 말할 수 있다. 이런 행동을 보이는 사람은 다른 사람들의 눈에 어떻게 보일 것인가를 염두에 둔다. 타인의 생각은 한 사회 내에서 개인이 차지하는 지위와 그에 대한 평가를 결정하기 때문이다. 그래서 지금도 누군가는 그들처럼 되기를 꿈꾼다. 트럼프가 대통령을 꿈꿨던 것처럼.

한계라는 희망고문

규정을 갇힘으로 착각하지 말 것

21세기 사회의 핵심 키워드는 창의성이다. 심지어 창의성을 21세기의 생존코드로 표현하기도 한다. 그런데 왜 21세기를 사는 우리에게 창의성 발휘는 쉽지 않은 걸까? 인간은 누구나 규정規定된 삶을 살기 때문이다. '규정한다'는 말에는 '내용을 부여한다', '안으로부터 형성한다', '다른 것으로부터 구별한다'는 의미가 있다. 회사 내에 있는 임금규정, 근로규정, 급여규정, 연봉규정, 문서규정, 근무규정, 휴가규정, 영업규정, 퇴직규정, 관리규정 등을 떠올리면 쉬울 것 같다. 각 규정은 그에 해당하는 내용이 정해져 있고, 밖이 아닌 안으로부터 의미가 형성되어 있으며, 규정이나 다른 개념과는 구별짓게 된다.

규정의 의미를 이해했다면 규정된 인간의 삶과 창의성이 어떤 관계가 있는지 살펴보자. 우리 인간은 태어날 때부터 남자 혹은 여자로 성별이 규정된다. 먼저 남녀의 삶을 관찰해보자. 보통 남자는 힘과 능력, 효율과 업적을 중요하게 여긴다. 자신이 이룩한 성과에 대해서 자부심이 강하고 언제나 자신의 존재를 부각하고자 한다. 반면 여자는 사랑, 대화, 관계에 높은 가치를 둔다. 여자들은 이야기로 관계를 맺고 감정을 나누며 큰 만족을 얻는다. 3시간 전화로 통화하고도 나머지는 만나서 얘기하자고 할 만큼 관계와 대화에서 무한한 잠재력을 가지고 있다.

어떤 문제가 생기면 여자는 남자에게 자기 마음을 표현하고 위안을 받고 싶어 한다. 문제의 우선순위를 매기기보다는 두서없이 자기 문제를 이야기하면 위안이 된다. 그러나 남자는 여자가 문제를 털어놓기 시작하면 거부감이 생긴다. 남자에게 책임이 있기 때문에 여자가 문제를 이야기한다고 지레짐작한다. 그래서 여자가 문제를 많이 털어놓을수록 본인에게 부담을 주는 것이라고 생각한다.

남자는 여자가 도와달라고 말하기 전에는 자신이 충분히 주고 있다고 생각한다. 반면 여자는 도움을 직접 요청하는 일을 달가워

하지 않는다. 여자는 타인의 욕구를 직감적으로 느낄 수 있고, 그 욕구를 충족하려 한다. 남자는 자기가 실수했거나 사랑하는 이를 언짢게 했을 때 말다툼을 한다. 반면 여자는 자신의 감정을 직접적으로 표현하지 않아 뜻하지 않은 언쟁을 부르기도 한다.

남자는 여자에게 먼저 고백하려 한다. 먼저 고백해야 박력 있고 남자다운 모습으로 비칠 거라 생각하기 때문이다. 반면 여자는 고백을 받는다. 여자는 보살핌을 받는 존재라는 선입견 때문에, 먼저 고백하는 것은 여성스럽지 않다고 치부해버린다. 그래서 청혼도 남자가 하는 게 더 자연스러워 보인다. 이처럼 우리는 남자는 남자답게, 여자는 여자답게 살도록 서로를 규정한다. 이 규정을 벗어나면 남자답지, 또는 여자답지 않다고 여기므로 그 규정 안에서 벗어나지 않는 행동을 유지하려고 한다.

기본적인 남녀의 역할에 대해 규정되면 다음으로 공교육을 받게 된다. 최근 초등학교를 비롯한 중, 고등학생들의 학습 트렌드는 단연 자기주도학습이다. 그러나 실정은 어떠한가? 지나친 사교육에 따른 공교육의 위기로 학교 교육의 방향 변화가 요구되고 있으나 실정은 획일화된 편견과 제한된 창의성을 강조한다.

어느 날 나는 초등학교 4학년인 딸의 학부모 공개수업에 참석했다. 아빠의 참석을 바라볼 시선이 의식되어서인지 참석하기 꺼려

졌지만 딸의 간곡한 부탁으로 참석하게 되었다. 보통 4학년 이상 학부모 공개수업에 참석하는 사람은 아빠보다는 엄마들이 많다. 아니나 다를까 아빠는 딱 나 혼자였다. 문제는 이틀 후에 드러났다. 딸의 반 친구가 딸에게 이렇게 얘길 했다는 거다. "네 아빠 백수야? 낮에 어떻게 학교에 오신 거야?" 그래도 이런 질문까지는 이해할 수 있었다. "너희 부모님은 이혼했어? 부모님 중 아빠가 온 사람은 너밖에 없네?" 초등학교 4학년에게서 나온 질문이었다. 그것도 한 명이 아니라 여러 명이.

순간 나에게 부여된 규정을 생각해봤다. 이는 그저 초등학교 4학년이 가진 관점에서 단순하게 상황을 해석한 것뿐이다. 이러한 사례는 공교육이 사회적 편견과 제한된 창의성만을 가르치기 때문이다. 사회적으로 규정화되고 명문화된 이론을 강조하니 획일화된 인재만 양성된다. 그리스 신화에 나오는 '프로크루스테스 침대Procrustean bed'가 따로 없다. 팔다리가 침대보다 길면 잘라 죽이고 짧으면 찢어 죽이던 괴물처럼, 학교는 그런 획일적인 괴물을 양성하고 있는지도 모른다. 물론 이 배경에는 내가 남자라는 기대에 어긋난 행동을 했기 때문에, 즉 규정을 어겼기 때문이기도 하다. 지난 40여 년 간 한국의 연평균 경제성장률이 OECD 국가 중 가장 높았지만, 아동 및 청소년의 삶의 만족도는 꼴찌다. 창의성 또한 바닥 수준이다. 교육은 규정화의 연속이고 사회는 학벌과 스펙을 중요하게 여기니 잠재력을 이끌어주고 능동적인 생각을 하기에는 명백한 한계가 있다.

이제 공교육을 마치면 회사에 입사한다. 삼수, 사수를 통해 어렵게 회사에 입사를 하면 제일 먼저 회사의 규정을 한껏 던져주고 이를 교육시킨다. 채용제도, 인사평가제도, 출장제도, 인센티브제도, 근태관리, 승진제도, 퇴사제도 등 조직 내 모든 활동들이 명문화, 제도화, 규정화되어 있다. 그러곤 CEO는 주인의식을 가지고 창의력을 발휘하라고 외친다. 조직 내 모든 활동들이 규정 이래 이루어지는데 어떻게 CEO처럼 움직여주길 원하는가? 결국 직원은 CEO가 될 수 없다. 이를 검증이라도 하듯, 최근 한 벤처사업가가 '의욕이 없는 직원들을 CEO처럼 의욕있는 사람'으로 바꾸기 위해 노력했지만 한 번도 성공해보지 못했다고 실토했다. 그는 직원이 CEO처럼 되기를 희망하며 월요일 단축근무, 파격적인 인센티브제도, 매월 하루 낮 노는 시간, 7시간 근무, 미션과 사명 그리고 핵심가치에 대한 깊이 있는 대화를 공유해봤지만 직원들의 태도나 의욕은 나아지지 않았다. 단기적으로 변하는 시늉은 있었지만 직원들의 행동은 근본적으로 변화되지 않는다는 것이다.

박힌 못을 빼야 진짜를 본다

그렇다면 진짜 방법은 없을까? 왜 직원들은 동기부여 교육과 다양한 보상, 배려와 가치를 공유했음에도 불구하고 부정적인 시각을 바꾸지 않을까? 이런 질문에 대한 답을 찾기 위해 부정적인 시각을 가지고 있으며 의욕이 상대적으로 떨어지는 직원들을 인터뷰 해보니 그 이유를 쉽게 알 수 있었다. 일반적인 직원에 비해서 부정적 인식을 가진 직원들은 말이 전달되는 과정에서 '자의적 해석'이 일어나게 된다. 상대방의 말을 있는 그대로 받아들이는 것이 아니라 자신의 생각과 기준에 끼워 맞춰 의도하는 바와 다른 방향으로 해석하는 것이다. 이러한 소통의 왜곡이 일어나는 이유는 지금을 자신이 과거에 경험한 상황으로 여겨 동일한 현상으로 몰고 가는 '고정화 현상' 때문이다.

환경이 바뀐다고 부정적인 사람이 긍정적으로 바뀌는 것은 아니다. 즉, 이미 형성된 가치관은 어떠한 자극이 있어도 바뀌지 않는다. 한 번 해병이 영원한 해병이듯 말이다. 그래서 조직에서 할 수 있는 우선적 미션은 직원을 그냥 내버려두는 것이다. 직원들에게 자율권을 부여해 알아서 의사결정을 내리게끔 만들어본다. 실리콘밸리 기업들은 어느 정도 시장에서 자리를 잡으면 고민이 하나 생기기 시작한다. 바로 조직이 성장하고 규모가 커지면서 스타트업 고유의 정신이 점차 사라지는 것이다. 예컨대 수평적인 조직문화를 바탕으로 의사결정이 빠르고, 다양한 아이디어가 자유롭게 교환되고 곧바로 제품으로 구현되어 모두가 마치 자신의 회사처럼 판단하고 움직이는 환경을 추구하는 기업이 스타트업 회사다. 하지만 조직이 커지면 대기업처럼 규정과 절차가 있어야만 움직이는 자신을 발견한다. 즉 규정이나 제도가 행동을 제약하는 것이다.

자율성이 조직에서 성과를 내는 데 효과가 있는지를 다음의 실험을 살펴보자. A그룹은 실험에 참가하면 5달러를 주겠다고 제안하면서, 모니터의 왼쪽 상단에 원 하나가 나타나면 그것을 마우스로 끌어서 오른쪽 하단에 위치한 네모 위에 놓으면 된다고 말했다. 그러자 참가자들은 평균 159개의 원을 옮겨다 놓았다.

이번에는 조건을 바꿔 B그룹에게 5달러보다 턱없이 적은 50센트의 수고료를 주겠다고 말하고는 똑같은 과제를 요청했다. 그랬더니 B참가자들은 5분 동안 평균 101개의 원을 끌어다 놓았다. A그룹(5달러)의 참가자들과 비교하면 63퍼센트의 수준이었다. 돈을 적게 주니 그만큼 성과가 저조하게 나타나는 것을 통해, 차등 보상이 성과에 영향을 미친다는 것을 증명했다.

그렇다면 이번에는 C그룹에게 수고료를 일절 주지 않고 "무언가를 알아보려는 실험인데 참여해주면 고맙겠다"라고 말한 뒤 동일한 과제를 제시했다. 금전적 보상이 하나도 없으니 옮겨다 놓는 원의 개수도 급격히 감소하리라 예상했지만 C그룹의 참가자들은 평균 168개나 되는 원을 옮기면서 A그룹과 B그룹보다 높은 성과

를 냈다.◆

어떻게 해석해야 할까? A그룹, B그룹과 같이 금전적 보상이 개입되면 사람들은 시장규범이라는 관점으로 사물을 바라본다. 5달러와 50센트라는 물질적 기준에 따라 그 가치만큼 행동하게 된다. 반면 C그룹은 돈이 개입되지 않았다. 따라서 C그룹은 상대방의 부탁을 받고 '배려해야겠다'는 사회적 규범으로 행동하게 된다. 그래서 기꺼이 자신을 희생하며 주어진 시간에 수고를 아끼지 않는다. 이 실험에서 우리는 결국 돈이 조금이라도 개입하면 사람들은 자발적인 기여를 곧바로 거두고 시장규범으로 전환한다는 것을 알 수 있다.

그래서일까? 실리콘밸리 기업들은 위 실험의 C그룹처럼 사회적 규범으로 행동하게끔 자율성을 강조한다. 직원 스스로 자율권을 극대화할 수 있는 조직운영의 원칙을 도입하고, 관련 제도를 운영해 직원들이 오너십을 최대한 발휘할 수 있도록 하고 있다. 인터넷 파일공유 기업인 드롭박스Dropbox는 "당신이 가장 똑똑합니다. 알아서 해결하세요"라는 원칙을 가지고 있다. 이 원칙으로 탄생한 것이 바로 드롭박스의 에러화면 '사이코박스'다. 드롭박스의 한 엔지니어는 에러 화면이 아름답지 못하다고 판단해, 관리자와 상의 없이 사이코박스라는 그림을 디자인하고 이를 에러 화면에 사용했

◆ 댄 애리얼리, 《상식 밖의 경제학》, 청림출판.

다. 덕분에 고객과 경영진으로부터 큰 호평을 받을 수 있었다.

한편 우리나라에도 입성한 넷플릭스Netflix는 자유와 책임의 문화를 강조하면서 자율권을 폭넓게 직원들에게 제공하고 있다. 넷플릭스는 일반기업과 달리 출장 및 경비 관련 규정을 가지고 있다. "이해에 부합하게 행동하세요"라는 원칙을 사용해 직원들이 알아서 판단하도록 하고 있다. 경비 규정 외에도 휴가사용을 위해 관리자들에게 보고할 필요도 없으며, 필요한 만큼 알아서 휴가를 다녀오면 된다. 휴가 결재 제도가 직원의 업무에 대한 자율권을 방해하고 업무 간섭으로 이어져 직원들을 수동적으로 만든다고 생각하기 때문이다.

미국의 노스캐롤라이나 주 더램에는 GE 항공기 엔진 사업장이 있다. 이 사업장은 직원이 170명인데 관리자는 공장장 단 한 명밖에 없고 하루 평균 엔진 1개를 생산한다는 목표 외에 다른 것은 모두 직원들이 합의해서 정한다. 이러한 운영 방식으로 의사결정 권한이 소수임원 및 관리자에게 집중되지 않고 역할을 수행하는 모든 직원들에게 배분된다. 따라서 책임과 권한이 조직 전체에 골고루 분산되고 민첩한 실행이 가능할 뿐만 아니라 모든 구성원이 능력과 역할에 따른 리더십을 발휘할 수 있다.

드롭박스, 넷플릭스, GE의 경영 모델을 들여다보면 그 핵심에는

'자유'가 있다. "자유로운 사람들은 자신이 진심으로 좋아하는 것에 끌린다. 남들이 좋다고 말해주는 것에 등 떠밀리듯 가는 것과는 완전히 다르다. 자신이 원하는 일을 하는 사람은 보다 열정적으로 일을 하기 때문에 성과가 높게 나타난다.

읽고 보니 좋은데, 과연 우리나라 기업에는 적용이 가능할지 의문이 생긴다. 규정이 아니라 자율성이 발휘되는 조직이 되기 위해서는 높은 투명성을 요구한다. 암묵적, 관행적으로 이루어진 결정을 충분히 직원들에게 설명하지 않으면 실행력은 떨어진다. 또한 의사결정 권한을 분산하고, 수직적인 직책이 아니라 일의 내용과 역할에 따라 위계를 형성해야 한다. 직원들은 상사에게 무조건 충성하는 것이 아니라 조직목표와 역할에 의해 위계가 형성된다.

누구나 가진 창의를 꺼내라

인간은 누구나 천재로 태어난다. 하지만 규정된 삶이 천재성을 파괴한다. 남녀의 성별이, 부모님이, 공교육이, 회사가 제시하는 명문화된 규정이 우리의 천재성을 갉아먹는다. 보통 나이가 45세쯤 되면 천재성은 10퍼센트 정도밖에 남지 않는다.

지난 2016년 5월 〈인사이트〉지에서 대한민국 성인 남녀 2천명을 대상으로 어렸을 때 가졌던 꿈을 어른이 되어서도 여전히 간직하고 있는지 설문조사를 했다. 조사 결과 대부분의 어른들은 자신의 꿈에 대해 확신이 없었으며 부정적으로 답했다. "당신의 꿈은 무엇입니까?"라는 질문에 어른들은 바로 대답하지 못하거나 "생각 안 해봤는데요"라고 답하기도 했다.

그러나 아이들은 "과학자요", "날고 싶어요", "감독이요", "가수 싸이가 되고 싶어요" 등 자신이 원하는 직업과 진정한 꿈에 대해 막힘없이 대답했다.

이어진 "당신의 꿈은 얼마나 큰가요?"라는 질문에 어른들은 손으로 작게 표현한 반면, 아이들은 팔을 활짝 펴고 큰 원을 그리면서 "세상까지"라고 대답했다.

마지막으로 "꿈은 이루어질까?"라는 질문에 아이들은 질문이 끝나자마자 "예, 내가 노력만 하면 이루어질 거라고 생각해요"라고 대답했다. 반면 어른들은 대부분 아이들처럼 시원하게 대답을 하지 못하고 "어릴 적 꿈은 이루기 어려울 것 같다"고 대답했다. "우리가 항상 꿈꾸는 대로만 상황이 이루어지지는 않잖아요"라며 인생 자체를 단정짓기도 했다.

언제부터 꿈은 아이들만을 위한 것이었을까? 아직 아이들이 세상의 쓴맛을 몰라서 하는 얘기라고 치부하고 싶은가? 꿈이 없는 당신의 삶, 미래가 없는 당신의 삶은 무미건조하다. 이러한 삶의 배경에는 경제적 어려움도 있지만 무엇보다 획일화되고 규정되는 과정을 거쳤기 때문이다. 세월이 흐를수록 꿈과 미래의 문을 닫아버리고 있는 것이다. 더 큰 문제는 우리가 살고 있는 환경에 너무나 익숙해져 있다는 점이다. 불편한 것에 익숙해지면 그것도 삶의 일부로 인식한다. 이렇게 되면 현실에서 보이는 모든 것이 당연하게 여겨져 문제를 인식하기 어려워진다.

그렇다면 지금의 삶에서 나아질 수 있는 방법은 없을까? 1902년 창립된 3M은 미국의 독창성을 전형적으로 보여준 기업이다. 100년이 넘는 동안 3M은 포스트 잇, 스카치 테이프, 섬유보호제, 항공기 소재까지 6만여 가지 제품을 생산하는 초우량 기업으로 성장했다. 이런 3M도 어려움은 있기 마련, 2001년 GE에서 근무했던 짐 맥너니Jim McNerney를 CEO로 고용해 회사를 되살리고자 했다. 맥너니는 경영 원칙을 도입하고, 6시그마 경영 기법을 시행해 비대해진 원가 구조를 간소화했다. 이는 단기간 내에 3M의 수익성을 크게 향상시켰다. 2001년 17퍼센트였던 영업이익률은 2005년 23퍼센트로 급등했다. 하지만 혁신은 여기까지였다. 더 이상의 혁신은 나타나지 않았고 매출도 점차 하락하기 시작했다. 규정화, 프로세스화로 인해 6시그마가 3M의 자유로운 창의성을 억눌렀던 것이다.

2005년 매출 하락의 역경에 직면한 3M은 구원투수로 조지 버클리George Buckley를 CEO로 임명했다. 버클리는 6시그마를 철회하고 다시 15퍼센트(근무시간의 15퍼센트는 자기 연구 시간으로 활용), 30퍼센트(새로 나온 제품이 총매출액의 30퍼센트를 차지함) 프로그램을 도입함으로써 유연하고 자유롭게 연구할 수 있는 환경을 조성했다. 버클리는 창의성을 이렇게 언급한다. "창의란 본질적으로 무질서한 과정이다. 창의라는 분야에 6시그마를 대입하고서는, '음, 이제 발명에 뒤처지고 있으니까 수요일에는 좋은 아이디어 3개, 금요일에는 2개를 생각해내야지' 할 수는 없는 것이다. 창의성은 그렇게 얻을 수 없다."

규정화된 우리의 삶은 6시그마를 도입한 것과 같다. 따라서 인생을 지배하는 6시그마를 철회하고 당신의 삶에 15퍼센트, 30퍼센트 프로그램을 도입해보라. 하루의 15퍼센트는 습관적으로 하지 않았던 일이나 취미생활을 한다든지, 일 년에 30퍼센트는 어릴 때 꾸었던 꿈을 달성하기 위해서 투자를 해보면 어떨까.

이제 우리는 '규정한다'의 사전적 개념을 다르게 해석할 필요가 있다. '내용을 부여한다'를 '내용의 의미를 새롭게 창조한다'로, '안으로부터 형성한다'를 '안과 밖의 융합을 추구한다'로, '다른 것으로부터 구별한다'를 '나만의 독창성을 발현한다'로. 규정된 인생이 아니라 내가 규명한 인생으로 말이다.

이상형 월드컵 챔피언,
송해

아무리 잘생겨도 결혼은 조건이야

30대 후반의 미혼여성들이 결혼하고 싶어 하는 연예인 1위는 누구일까? 이 질문에 대부분 사람들은 '송중기', '현빈', '송승헌', '박보검' 등을 답할 것이다. 그러나 정답은 〈전국노래자랑〉의 MC인 '송해'다. 30대 후반 미혼여성들의 마음을 관찰해보면 이렇다. 송해 선생은 1927년생으로 나이가 아흔 살이 넘었다. 그런데도 잔병하나 없이 너무나 건강하다. 후배 개그맨인 엄용수는 "아직도 송해 선생님은 소주를 됫병으로 드신다"고 한다. 나이 90세에 이토록 건강하니 무엇이 부러우랴. 또한 나이 90세에 직장을 가진 사람은 거의 없다. 송해 선생은 30년 세월동안 〈전국노래자랑〉의 국민MC로 아직도 왕성한 활동을 하고 있다. 안정적 소득에 인기까지 먹고 살 수 있으니 여성들의 이상적 배우자로 꼽힐 만하다. 이러한 현상을 '송해 효과'라고 한다. 송해 효과는 지나친 긍정보다 오히려 현실적 부정을 강조해 상대방에게 진정성 있게 다가가는 현상을 말한다.

나는 스타트업이나 재창업 기업 CEO들의 멘토로 활동하고 있다. 창업하는 CEO들의 사업계획서 발표를 들어보면 죄다 자랑뿐이다. 단점은 하나도 없고 곧 돈방석에 앉을 것 같다. 그런데 창업 인프라와 투자 시스템이 탄탄한 미국 실리콘밸리에서도 창업 성공률은 1퍼센트에 불과하다. 국내 자영업자의 창업 성공률은 20퍼센트 미만이다. 그들이 그렇게 장점을 부각하는데도 성공률이 이렇게 낮은 이유는 무엇일까?

스타트업의 공통적 특징은 기술력은 있으나 자금력이 부족하다는 것이다. 이를 타개하기 위해 투자설명회에서 벤처 투자자들에게 자금을 유치 받는 것이 매우 중요하다. 2009년 '배블Babble'이라는 온라인 잡지가 창간되었다. 창업자인 루퍼스 그리스컴Rufus Griscom과 알리사 볼크먼Alisa Volkman은 부모에 대한 잘못된 광고와 부모의 역할에 대한 진부한 정보를 타파하기 위해 〈배블〉을 설립

했다. 그들도 투자 유치를 위해 설명회를 해야 했다. 그러나 〈배블〉의 창업자는 남들이 다 하는 것처럼 장점을 나열하지 않고, 자기 기업에 투자해서는 안 되는 다섯 가지 이유를 투자자들에게 설명했다. 결과는 당연히 투자를 받지 못해야 정상이지만 오히려 330만 달러의 투자 자금을 유치했다.

엉망이 되어야 할 투자설명회에서 오히려 거액을 유치할 수 있었던 이유는 무엇일까? 그것은 관찰에서 답을 찾을 수 있다. 투자자들은 창업 CEO들의 발표를 듣고 해당 사업이 안 되는 이유, 즉 취약점을 찾아야 한다. 기업의 모순된 점, 미흡한 점, 성장 가능성, 수익성, 경쟁력 등의 꼬투리를 잡아서 자금 유치의 불가능성을 제기하며 방어막을 친다. 이러한 상황에 발표자의 긍정적 발언은 투자자들의 심사와 심리를 더욱 힘들게 한다. 나아가 더욱 공격적으로 방어하게끔 만든다. 그런데 그리스컴은 〈배블〉에 관한 투자설명회를 할 때 벤처 투자자들의 반응에 대해 이렇게 말했다.

"내가 '이 기업을 인수하면 안 되는 이유'라는 제목의 슬라이드를 보여주자, 투자자들이 처음 보인 반응은 웃음이었다. 그러고 나니 투자자들이 긴장을 푸는 것이 눈에 보였다. 내가 하는 말에 진정성이 있다는 인상을 받은 것이다. 상술의 냄새가 나지도, 상술처럼 보이지도 느껴지지도 않은 것이다. 투자자들은 자신이 상술에 넘어갈지 모른다는 생각을 하지 않게 되었다."

이처럼 오히려 단점을 더욱 부각하는 것은 투자자들의 심사를 도와주는 셈이다. 애써 부족한 부분, 단점을 찾을 노력이 없으니 편하게 경청할 수 있다. 더불어 발표자의 공격을 방어할 필요도 없으니 무장을 해제하게 만든다. 이 결과 역시 '송해 효과'다. 송중기, 현빈, 송승헌, 박보검처럼 장점만 드러내서는 승산이 없다. 오히려 현실을 직시하고 가식을 드러냈을 때 의도가 먹히는 거다.

송해 효과, 덕분입니다!

손을 베였을 때 붙이는 밴드가 있다. 우리는 이 밴드를 '대일밴드'라고 부른다. 우리가 처음으로 사용한 밴드가 대일밴드였기 때문에 이젠 대일밴드가 일반명사화가 다 되었다. 이 제품은 미국에도 있는데 그것은 존슨앤존슨의 '밴드에이드'다. 사실 대일밴드보다 밴드에이드가 먼저 나온 제품이다.

이 제품의 가장 큰 특징은 피부색으로 되어 있다는 것이다. 상처 난 부위가 겉으로 드러나면 누가 봐도 좋지 않을 테니, 가능하면 눈에 띄지 않게 하려는 것이다. 특히 여성들은 상처를 될 수 있으면 감추려는 경향이 강하다. 요약하자면 밴드에이드는 '상처를 드러나게 하지 않는 것이 좋다'는 통념이 제품화되었다.

하지만 요즘은 여성들의 상처 부위를 적극적으로 관찰하지 않아도 쉽게 눈에 띈다. 현대의 여성은 과감히 겉으로 드러낸다. 그래서 나온 제품이 '큐래드'다. 큐래드는 반창고에 캐릭터를 입혀놓았다. 그 캐릭터가 여성에게는 패션과 같은 거다. 실제로 일회용 반창고를 많이 붙이는 대상은 어린이들이다. 어린이들은 무엇을 좋아할까? 애니메이션 영화나 만화 주인공을 좋아한다. 큐래드는 그런 어린이들을 위해 뽀로로, 터닝메카드, 도라에몽을 그려 넣었다. 반응은 예상한 대로다.

하버드대학 심리학자 테레사 애머빌Teresa Amabile은 "암울한 예측을 하는 사람들은 현명하고 통찰력이 있다는 인상을 주는 반면, 긍정적인 말을 하면 너무 순진하다는 평가를 받는데, 이를 '폴리애나Pollyanna 특성◆'이라고 한다"고 밝혔다. 우리나라에서는 이를 '송해 효과'라고 한다. 감추는 것이 중요한 게 아니라 드러내놓는 것이 오히려 새로운 변화를 가져올 수 있는 긍정적 효과를 준다는 거다.

송해 효과로 재미를 톡톡히 보는 국내회사가 있다. 바로 '피자알볼로'다. 피자 알볼로는 '임산부가 먹는 피자'로 홍보한다. '아니, 피자를 임산부가 먹는다고? 아이한테 안 좋을 텐데…'라고 생각했다면 당신은 지나친 편견에 얽매여 있는 거다. 피자 알볼로는 여기서 머물지 않고 이렇게 홍보한다. '피자 알볼로는 30분 배달을 지키지 않습니다', '가격이 비쌉니다', '시간이 많이 걸립니다' 등 일상

◆ 폴리애나는 지나치게 낙천적인 사람을 일컫는 말로, 1913년에 앨리너 포터Eleanor Porter가 쓴 소설 〈폴리애나〉에 나오는 여주인공의 이름이다.

적 피자 회사와 반대로 홍보한다. 피자가 비만을 유발하는 패스트 푸드라는 오해를 없애고, 임산부도 안전하게 먹을 수 있도록 건강한 식재료를 써서 좋은 피자라는 이미지를 입혔다. 그래서 30분 배달이 어렵고 가격이 비싸다고 설명했다. 결과는 어땠을까? 2005년 서울 목동에서 6평(19.8㎡)짜리 작은 가게로 시작해 지금은 가맹점이 300개가 넘는다. 2016년에는 피자 빅4 브랜드로 진입했다. 단점을 앞세우는 피자 알볼로의 방식은 고객 신뢰도를 높였다. 자신의 장애물을 진솔하게 제시하면 정직하고 겸손하다는 인상을 심어준다.

국내에 아직 진출하지 않은 햄버거가 있다. 아니, 아마 진출하지 않을 햄버거다. 바로 '몬스터버거Monster Burger'다. 말 그대로 괴물버거다. 크기는 일반 맥도날드의 2배 정도이고, 1,420칼로리에 지방 성분만 107그램이다. 내용물로는 150그램짜리 소고기를 2장 얹고, 베이컨 4조각, 치즈 3장, 버터에 마요네즈도 넘칠 듯 발라준다. 과연 무시무시하다. 하지만 몬스터버그는 미국에서 불티나게 팔리고 있다.

요즘처럼 건강과 웰빙을 중요하게 여기는 시대에 도대체 이런 햄버거를 누가 먹을까? 햄버거 제조사인 하디스는 햄버거의 핵심 고객을 관찰해보니 18세에서 34세 사이 남성이었으며, 그들이 숨어 있는 결핍을 햄버거로 해소하고 있다는 사실을 발견한다. 즉 햄버거의 핵심 고객은 햄버거를 건강을 위해서 먹는 것이 아니라 배를 채우기 위해서 먹는다는 사실에 주목했다. 이들의 욕구는 맛있고 배부르게 먹는다는 것이다. 다른 대부분의 업체들이 건강, 웰빙을 외칠 때 몬스터버거는 사람들이 왜 패스트푸드를 찾는지 관찰해 새로운 해석으로 성공을 거두었다. 하지만 여기서 조심해야 될 부분이 있다. 단점을 제시하는 방법이 듣는 이들이 이미 인식하고 있는 것이라면 역풍을 맞을 수도 있다.

취업하고 싶다면 송해 효과를

요즘 취업하기가 하늘의 별 따기보다 더 어렵다. 온갖 스펙을 쌓아도 모두가 비슷한 경쟁력에 차별화도 쉽지 않다. 어떤 구직자는 취업하기 위해 일부러 창업을 해서 회사를 운영했던 경력까지 기술하지만 결과는 크게 다르지 않다. 따지고 보면 이러한 행위들은 자신의 장점들만으로 포장한다.

미국 클리블랜드주립대학에서 다음의 실험을 했다. 취업 준비 중인 A와 B라는 두 사람의 이력서와 추천서를 만들어 기업 인사담당자들에게 누구를 뽑고 싶은지 질문을 했다. 두 사람 모두 같은 이력서에 거의 같은 내용의 지원서를 보냈다. 단, 차이점이 있다면 A의 추천서에는 '가끔 A와 함께 일하는 것이 힘들 때가 있다'라는 문장이 추가된 것이다. 결과는 어떻게 됐을까? 추천하는 사람이 A

의 약점을 지적한 만큼 취업에 불리했을 거라고 생각했을지 모르지만, 결과는 정반대였다. 인사 담당자들은 완벽한 무결점자보다 다소 결점이 있는 A를 더욱 선호한다. 왜냐하면 자신의 결점이 없다는 사람보다는 오히려 작은 결점을 솔직히 드러낸 사람에게 더 호감이 가기 때문이다.

단점을 내세우는 이 같은 접근 방식은 사람이 편견을 갖고 정보를 처리하게 되므로 아이디어 자체에 대해 훨씬 호의적인 평가를 하도록 만든다. 심리학자 노버트 슈워츠Norbert Schwarz는 생각하기 쉬운 것일수록 사람들은 더 일반적이고 중요하다고 생각하는 경향이 있다는 사실을 입증했다. 사람들은 정보를 검색하고 인출하기 쉬운지 여부도 정보로 사용한다는 것이다.

요즘 방송가에서 진행자로 장수하는 사람들을 보면 장동건, 배용준처럼 잘생긴 사람들이 아니다. 소위 국민MC로 불리는 유재석은 메뚜기가 단골 수식어였다. 개그맨 시절 다소 덜떨어진 역할을 맡아 했다. 강호동 역시 씨름선수 출신에 심한 경상도 사투리, 미남과는 거리가 먼 외모지만 장수MC로 이름을 날리고 있다. 버럭 이경규와 박명수 또한 예외는 아니다.

우리 주변에는 잘난 사람들이 워낙 많다. 그런데 자신의 장점만을 부각하면 호감은커녕 오히려 부정적 인상만 심어줄 수 있다. '너만 잘났나, 나도 잘났다'라며. 사람은 누구나 결점이 있기 마련이다. 특히 유능한 사람일수록 사소한 실수를 할 때 호감도가 더 높아지는 경우를 보지 않았는가. 친구 간에도 서로의 아픈 가정사나 연애 경험을 털어놓은 뒤 더 친해지는 것처럼. 이것은 누군가에게 기대고 싶은 인간의 원초적 본능 때문이기도 하다.

애플의 CEO였던 스티브 잡스의 스탠퍼드대학 졸업식장 연설은 그래서 지금도 명연설로 회자되고 있다. 내용은 이렇다.

"이야기는 제가 태어나기 전으로 거슬러 올라갑니다. 저의 생모는 젊은 미혼모였습니다. 그래서 저는 어린 나이에 입양이 될 수밖에 없었습니다. 변호사집안에 입양되려다 안 됐습니다. 결국 양어머니는 대졸도 아니고 양아버지도 고등학교도 안 나온 집에 입양됐습니다. 양부모는 제 어머니에게 저를 대학까지 가르치겠다고 약속한 후에야 입양을 동의받았습니다. 이것이 제 인생의 시작이었습니다."

자신의 엄마가 미혼모였다는 것, 입양에 한 차례 실패한 것, 그리고 특별한 배경이 없는 양부모에게 입양됐다는 아픈 가정사를 털어놓음으로써 더 큰 감동을 줬다. 그는 오히려 완벽주의자가 아니라 지금의 성공이 많은 아픔 속에서 이뤘음을 솔직하게 얘기했다. 그래서 그 자신은 물론 아이폰이나 애플 컴퓨터 같은 제품에 대한 호감도까지 상승하는 효과를 얻게 되었다.

2016년 10월을 기준으로 미국에서 버락 오바마 대통령보다 더 인기가 많은 사람이 있다. 오바마 대통령의 아내인 미셸 오바마다. 그의 호감도는 민주당 대선 후보였던 힐러리 클린턴보다 높다. 완벽한 힐러리보다 하와이 출신의 흑백 혼혈아인 미셸이 더욱 인간답게 느껴지기 때문이다. 미국의 첫 여성 대통령을 힐러리보다는 미셸로 선출해야 한다는 말이 나오기까지 한다.

지금 만약 당신이 성공하고 싶다면 자기과시나 무결점을 지나치게 강조하지 말라. 때로는 인간적인 송해 효과를 활용해보라. 송해 효과가 미치는 파급효과가 엄청남을 느끼게 될 것이다. 무엇보다 송해 선생님이 오래 오래 장수하셨으면 좋겠다.

내 손안에 있는 나

무엇을 쥐고 있는가

"당신은 어떤 사람이 되고 싶은가?" 질문이 어렵다면 좀 더 현실적인 질문으로 바꿔보겠다. "어릴 때 꿈꿨던 이상이 실현되었는가?" 이 질문에 대부분 사람들은 그렇지 않다고 대답할 것이다. 그렇다면 그 이상이 실현되지 못하는 이유는 무엇일까? 이 질문의 해답은 간단하다. 평소 당신이 손에 무엇을 쥐고 있는지를 관찰하면 된다. 일상에서 당신이 손에 쥐고 있는 것이 당신의 인생을 규정하기 때문이다.

인간의 인생은 무엇을 손에 쥐는가에 따라 결정된다. 손에 총을 들면 군인이 되고, 펜을 드는 사람은 작가가, 분필을 잡는 사람은 선생님이, 붓을 잡는 사람은 화가가 된다. 그래서인지 아이가 맞이하는 첫돌에는 돌잡이가 가장 중요한 행사다. 연필, 돈, 청진기, 실, 망치, 마우스, 마이크 등 아이가 어떤 것을 손에 쥐는가에 따라서 아이의 인생이 결정된다고 믿는다. 부모는 물론 모든 가족과 지인들은 특정 물건을 잡기를 희망하고 열망한다. 원하는 직업이 다양해졌기 때문인지, 돌잡이에는 골프채, 축구공, UN마크 배지까지 등장하고 있다.

돌잡이가 중요한 것은 인간의 의식이 사용하는 도구에 큰 영향을 받기 때문이다. 숟가락을 잡으면 뜨게 되고, 포크를 잡으면 찌르게 된다. 결국 도구가 행위를 규정하고, 이는 자연스럽게 의식을 규정한다. 하루에 세 번 숟가락으로 뜨고 젓가락으로 집는 사람과 포크로 찌르고 나이프로 자르는 사람의 의식은 근본적으로 다르다. 서양인이 동양인에 비해 훨씬 공격적인 성향을 띠는 것도 도구의 영향을 받았을 가능성이 크다.

도구에 당신이 담긴다

1881년 10월 25일, 에스파냐 안달루시아의 말라가에서 한 아이가 태어났다. 태어나자마자 그는 고통으로 세상을 맞이한다. 출산을 돕던 산파는 죽은 아이가 태어난 줄 알고 아이를 그냥 내버려두었다. 혼자 제대로 호흡을 하지 못했기 때문이다. 때마침 그의 삼촌이 담배 연기를 그의 콧구멍으로 불어 넣었고, 그때부터 그에게 세상은 시작되었다.

비교적 중산층에 속했던 어머니와 투우에 빠진 화가 아버지의 첫째 아이로 태어난 그는 양가 모두 귀족의 혈통을 잇고 있었지만 그가 태어난 당시 집의 분위기에서는 어떤 고상함도 남아 있지 않았다.

당대 재능 있는 미술가로 알려졌지만, 어렸을 적 그는 그리 특출한 학생은 아니었다. 열 살이 넘어서까지도 그 나이에 가장 기초인 읽기나 쓰기, 덧셈, 뺄셈을 제대로 하지 못했다. 그에게는 그림만이 가장 큰 즐거움이었다. 그래서인지 잔존하는 그의 초기 스케치와 그림들은 매우 특출한 재능을 선보인다. 특히 그의 아버지의 작품에서 영감을 받은 투우와 비둘기들 그림은 표현력이 매우 훌륭하다. 사실 그의 이러한 재능은 아버지의 선천적 예술적 감각과 혹독한 훈련이 있었기에 가능했다. 미술 선생님이었던 그의 아버지는 그에게 비둘기 발만 300회 이상 반복해서 그리도록 했다. 15세가 되자 그는 사람의 얼굴, 몸체 등도 다 그릴 수 있게 되었다. 한동안 비둘기 발만 그려왔던 그는 어느새 모델 없이도 어떤 그림이든 그릴 수가 있었다. 그의 나이 12세에 이미 르네상스의 3대 거장으로 불리는 라파엘로처럼 그림을 그릴 수 있었으며, 바르셀로나 왕립 미술학교에 조기 입학해 15세에는 초상화, 풍속화 등을 어른보다도 능숙하게 그려냈다.

그는 92세로 생을 마감하면서 그림 1,876점, 조각 1,355점, 도자기 2,880점, 스케치와 데생 1,100점, 부식 동판화 27,000점 등 5만 점에 이르는 엄청난 양의 작품을 남겼다. 반 고흐가 평생 남긴 작품이 880점인 것을 생각해보면 그의 저작물이 실로 얼마만큼 많은가를 짐작할 수 있다. 기존의 예술작품을 일거에 뒤집어엎은 마르셀 뒤샹보다 월등히 많은 작품을 남겼다. 작품 수도 대단하지만 그의 변화무쌍한 작품 세계와 예술적 여정은 감탄을 절로 자아내게 한다. 지금까지 설명한 '그'는 누구일까? 바로 피카소다.

피카소가 20세기 미술의 대명사로 자리 잡게 한 동력은 그의 손에 항상 들려 있었던 드로잉 도구들이었다. 그림을 그릴 때도, 그림을 포기할 때도 그의 손엔 언제나 드로잉 도구들이 있었다. 고통스러운 순간일수록 더욱 도구에 집착했고, 그 집착 어린 마음을 손에 쥔 드로잉 도구로 표현해냈다. 피카소의 여섯 번째 연인으로 알려진 프랑수와즈 질로Franceoise Gilot가 아이들과 함께 가출을 하자 피카소는 홧김에 두 달 동안 180개의 드로잉을 그렸다. 흔히 피카소를 빼놓고 20세기 미술을 말할 수 없다고들 한다. 피카소는 자신의 손에 놓인 도구들이 그의 의식과 인생을 증명한다는 사실을 이미 알고 있었던 건 아닐까.

손으로부터 건네받은 것들

손에 쥔 물건은 그 사람의 역사이며 미래를 증명한다. 평소 손에 쥐어진 도구는 항상 묵묵히, 진솔하게 그 사람의 삶을 담는다. 우리는 그 도구로 수많은 사람 중 소통할 대상을 찾고 인생의 나아갈 방향을 그린다. 이렇듯 도구는 한 인간의 생을 담고 흐르는 강물과 같다. 스스로도 모르는 길을 도구는 본능적으로 찾아간다. 전통 연의 장인인 리기태, 30년 동안 6천 번 이상 강하에 성공한 전설적인 스카이다이버 성창우, 30년 구두수선 장인 우태하, 한산 세모시 짜기 무형문화재 나상덕, 그라피티 작가 알타임 조, 모필장 기능보유자 이인훈, 글로벌 목욕 관리사 김상섭 등 손에 잡힌 도구로 삶을 그린 수많은 사람을 일상에서 쉽게 찾아볼 수 있다. 구두수선 장인인 우태하는 30년 세월 동안 구두를 닦은 게 아니라 도를 닦았다고 말했다. 처음에는 단순한 도구였지만 손에 들어왔다는 이유로 의식으로 매개되고 값진 인생으로 남는 것이다.

도구로 매개된 사람들의 공통적인 특징은 자기주도적인 삶의 태도를 취했다는 점이다. 외부 환경과 물질에 타협하지 않고 묵묵히 자신의 길을 걷는다. 피카소가 고통에 놓일수록 작품에 몰입한 것처럼, 이들은 도구를 통해 감정을 통제하고 인생의 변화를 꾀한다. 여기서 장인이 탄생하고 전문가가 만들어지는 것이다.

이러한 자기주도성은 질보다는 양을 추구한다. 수백 년 전부터 우리는 양보다 질이 중요하다고 배워왔다. '배부른 돼지가 되기보다는 배고픈 인간이 되는 편이 낫고, 만족한 바보가 되기보다는 불만족한 소크라테스가 되는 편이 낫다'라는 선언은 양보다 질을 중요하게 여기는 질적 공리주의의 행복을 정의해왔다. 인간이라면 누구나 질적으로 높고 고상한 쾌락을 더 바랄 것이다. 하지만 진정한 질적 행복은 배부른 돼지도, 만족한 바보도 되어봤을 때 더 큰 가치를 느낄 수 있고, 또 설명할 수 있다.

피카소는 5만 점 이상의 작품을 남겼다. 매일 쉬지 않고 그리지 않으면 불가능한 숫자다. 다른 화가는 한 장의 작품에 세 달이 걸린 반면, 그는 며칠 사이에 100장의 습작을 그렸다. 이는 결코 날림이나 영리주의가 아니다. 회화 역사에 혁명을 가져온 〈아비뇽의 처녀들〉은 몇 달 동안 화실에 틀어박혀 100매 이상의 습작을 끝내고 나서야 완성했다. 엄청난 양이 질을 초월한 것이다. 많은 양을 보태고 빼면 성질 자체가 변한다. 양의 차이가 차이의 본질을 만든다. 어느 정도의 양에 도달하면 질이 변화한다.

양을 추구하는 것은 그만큼의 노력을 필요로 한다. 노력 없이 많은 양을 탄생시킬 수 없기 때문이다. 프랑스의 철학자인 앙리 베르그송Henri Bergson은 노력과 창조는 상관성이 있음을 강조했다. 창조가 인간이 추구하는 결과변수라면, 적당한 노력이 선행변수로 작용해야 창조의 가능성이 높아진다는 것이다. 물론 쉽지 않은 일이다. 그럼에도 양을 추구하며 매일 노력할 수 있었던 힘은 무엇일까? 그것은 그들의 손에 항상 도구가 쥐어져 있었기 때문이다. 그들의 영혼을 상징하는 도구 말이다.

그런데 지금 당신의 손은 무엇을 쥐고 있는가? 물론 이 글을 읽고 있으니 책이겠지만, 아마 대부분 스마트폰을 쥐고 있을 것이다. 하루 평균 성인의 스마트폰 사용시간은 무려 3시간이 넘는다. 하루가 24시간이고 수면시간을 8시간이라고 했을 때 하루 16시간 중 3시간을 스마트폰과 마주보고 있다는 거다. 스마트폰 사용 자체를 비난하는 것은 아니다. 문제는 스마트폰이 우리의 삶에 어떠한 도구로 활용되고 있느냐는 거다. 양적으로 많은 시간을 스마트폰과 함께하지만 그 자체가 삶을 변화시키고 있는가? 스마트폰이라는 도구는 적극적으로 인간의 의식을 자극하지 못하고 수동적인 지식 습득과 일시적 쾌락만을 안겨준다. 그 속에는 '나'라는 자존 대신 '우리'라는 세상만 존재한다. '나'라는 존재는 사회 속에서 익명으로, 단순한 기능으로 존재할 뿐 대중의 일부로 살아간다. 오늘도 무심코 스마트폰을 쥐고 있다면 진정 당신의 인생을 위한 도구가 무엇인지 찾아보라.

취미의 잠재력,
딴짓의 미학

취미, 뭐라고 대답하지?

2016년 11월, 세계 각국 청년들이 모여 한국이 봉착한 현실적 문제를 토론하는 JTBC 〈비정상회담〉에서 나라별로 유행하는 취미에 대한 이야기가 나왔다. 중국은 개인 인터넷 방송이 유행이고, 미국은 SF 소설에서 등장하는 인물의 옷을 입는 코스프레가 유행이다. 다양한 취미가 존재하는 일본은 최근 취미관련 잡지가 많이 판매되고 있다고. 필리핀에서는 농구가 단연 최고 인기 종목이어서, 길거리 어디를 가든 쉽게 농구 코트와 농구를 즐기는 사람들을 볼 수 있고, 각 대학들도 농구팀은 필수로 보유하고 있을 정도라고 한다. 가끔은 길에서 농구를 하는 사람들을 위해서 차량을 통제하는 경우도 있다고 하니, 필리핀에서 농구의 인기를 짐작할 만하다.

그렇다면 한국 남성들의 대표적인 취미는 뭘까? 개인마다 소소한 취미는 있겠지만 대한민국 남성들의 대표적인 취미는 술 아닐까. 집단주의적 문화에 익숙한 대한민국 국민은 2명 이상 만나면 술과 함께 매우 많은 시간을 소비한다. 혹자는 '철학은 술자리에서 통한다'고 할 정도다. 그나마 가지고 있는 취미인 축구, 야구, 등산 등도 결국 핵심은 술이다.

내 경우를 관찰해보자. 나에게 유일한 운동은 조기축구와 등산이다. 조기축구는 보통 아침 6시부터 오후 12시까지 한다. 아침에 몸을 풀고 상대팀과 전, 후반 게임을 마친다. 시간은 오전 9시쯤 된다. 그 후 경기를 마친 사람들은 막걸리나 맥주를 마신다. 12시까지 돌아가면서 경기와 막걸리 마시기를 병행한다. 그러다가 모든 경기가 끝나면 12시부터 짜장면과 탕수육을 운동장에 배달시켜 본격적으로 술을 마셔댄다. 집에 가면 오후 5시다. 과연 나는 운동을 한 걸까, 술을 마신 걸까?

등산도 마찬가지다. 등산이 가지는 묘미는 무엇일까? 아름다운 자연환경과 산 내음으로 몸을 달래고 풍경으로 지친 마음을 치유하는 것 등이 아닐까? 그러한 여유도 잠시, 정상에 다다르면 가방 속에 담아 온 족발, 전, 과일, 김밥이 돗자리 위에 등장한다. 그리고 빠지지 않는 막걸리. 정상에 올라오는 시간은 3시간, 막걸리를 마시는 시간은 3시간이다. 3시간 하산 후에는 본격적인 술자리가 시작된다. 과연 나는 등산을 한 걸까, 술을 마신 걸까?

나만의 특별한 이야기라고 치부해버리기에는 너무나 현실적이지 않은가. 이처럼 대한민국 남성은 술이 취미다. 전 세계에서 1인당 술을 가장 많이 마시는 나라는 러시아와 포르투갈 다음에 우리나라니, 수치도 뒷받침해주고 있다고 하겠다.

술 마시는 취미가 글로벌하다 보니 한국의 술 개발능력은 반도체 못지않다. 아래 표는 세계에서 가장 많이 판매된 술 목록이다.

순위	브랜드	나라명	회사명	카테고리	판매량(백만 상자)
1	참이슬	한국	하이트진로	Soju	73.8
2	Officer's Choice	인도	Allied Blenders & Distillers	Indian Whisky	34.7
3	처음처럼	한국	롯데주류	Soju	31.7
4	Emperador	필리핀	Emperador Distillers	Brandy	30.5
5	SMIRNOFF	러시아	Diageo	Vodka	25.7

* 2015년 기준, 출처: Vineair.com

1위는 한국의 하이트진로 '참이슬'이다. 1위와 2위의 차이는 약 2배가 넘는다. 더욱 놀라운 건 2위 인도의 위스키에 이어 3위가 또 한국의 술이다. 글로벌 제조회사 5위 중 한국의 제조사가 2개나 해당된다. 판매량을 합치면 무려 1억 550만 상자에 달한다. 술 마시는 것이 취미다 보니 술 제조 능력도 세계적인 경쟁력을 보여주고 있다. 즉 취미가 국가경쟁력이 된다는 것이다.

안타깝게도 술 마시는 것 외에 특별한 취미가 없는 한국의 경쟁력은 여기까지다. 한국에서 노벨상 수상자를 보기 어려운 이유를 생각해본 적 있는가? 머리가 나빠서? 노벨상을 휩쓰는 사람들, 특히 유대인과 한국인의 지능지수는 별반 차이가 없다. 그럼에도 불구하고 전 세계에서 가장 영향력 있는 인물이 계속 탄생하는 그들에게는 어떤 특이점이 있을까? 그들은 1,000권의 책을 읽고 500권을 필사하며 1,000회 이상의 독서토론을 한다. 한 권의 책을 한 번 보고 덮는 것이 아니라 3단계 독서법을 활용한다. 처음 읽을 때는 소설 읽듯이 쉬지 않고 읽는데, 이를 통독이라고 한다. 두 번째는 천천히 읽고 어려운 부분을 밑줄을 표시하며 정독한다. 세 번째는 표시한 어려운 부분의 해답을 스스로 발견하는 체독의 단계를 반복한다. 그래도 부족하다 싶으면 5번, 그 이상을 반복해 읽는다.

우리나라는 어떨까? '독서는 개인의 경쟁력뿐만 아니라 국가의 경쟁력이다'라는 말을 들어본 적은 있을 것이다. 정작 통계로 보면 성인 열 명 중 두 명은 1년 동안 책을 한 권도 읽지 않는다. 책을 출간한 내 입장에서는 고통스러운 수치가 아닐 수 없다. 독서가 일상이 되기 어려운 것은 어릴 적부터 습관이 되지 않았기 때문도 있지만 부모가, 선생님이, 즉 어른이 책 읽는 모습을 자주 보지 못했기 때문이다. 책을 자주 접할수록 아이들도 자연스럽게 책과 친근해지고, 나중에 어른이 되어서도 책 읽기가 일상에 녹아들 수 있다. 즉 독서가 술 마시는 것처럼 즐겨 찾는 취미가 되지 않고 형식적이거나 일시적인 행동에 그치기 때문이다. 한 시간 독서 후 세 시간 술은 마시지만, 세 시간 음주 후 한 시간 독서를 하지는 않는다. 우리의 현실을 잘 관찰해보면, 그 의미를 쉽게 이해할 수 있을 것이다.

딴짓 잘하는 사람이 더 잘산다?

스위스 국제경영개발대학원IMD에서 발표한 2016년 국가경쟁력 평가를 보면 대한민국은 전년도 순위에서 4단계 추락한 29위다. 일본(26위), 중국(25위)보다 낮은 순위다. 더구나 기업 효율성 순위는 48위로, 2012년 대비 23단계나 추락했다. 저성장 분위기와 4차 산업혁명의 기조는 앞으로의 대한민국 경쟁력을 더욱 암울하게 만들고 있다.

대학에서 강연을 하다 보면 꼭 이런 질문을 받는다. "인공지능

과학자, 디지털 큐레이터, 의료 분야 전문가가 되려면 어떻게 해야 하나요?" 이 질문에 나는 되묻는다. "왜 이런 직업을 갖고 싶은 거죠?" 대부분 학생들은 머뭇거리거나 그저 "유망한 직업이잖아요"라고 대답한다. 유망한 직업만 좇는 행위는 본인이 잘하거나 좋아하는 것과 거리가 멀다. 맹목적으로 유망 업종만 추종하는 사람은 4차 산업혁명이 지나가면 더불어 사라질 것이다. 내 일, 즉 내가 진정으로 보람을 느끼는 일이 아니기 때문에 직업으로 삼아 지속하는 데 한계가 있고, 결국 창의력 발휘에도 제약이 따른다.

그렇다면 어떻게 해야 할까? 먼저 내가 좋아하고 행복할 수 있는 취미를 찾으라고 권하고 싶다. '하고 싶은 일을 하면서 재미있게 살 수는 없을까?' 생각만 하지 말고 당신만의 취미를 찾아보라. 취미를 찾았다면 직업과 이어보는 것이다. 16년 동안 전 세계를 누비며 일하다가 돌연 사직하고 우동집을 차린 외교관, 27년간 회사에 몸담았다가 쉰다섯에 오랫동안 꿈꿔온 화가의 길로 들어선 직장인, 서울 생활을 갑자기 청산하고 현금 70만 원만 들고선 전기도 없는 강원도 산골로 들어간 목공예가, 공기업에 다니다가 도시에서 벌치는 양봉가로 변신한 사회적 기업가, 전통주와 사랑에 빠져 양조장을 차린 변호사, 제주도에 게스트하우스를 직접 지은 30대 서울 여자 등 인생의 터닝 포인트로 삼게 된 계기들을 자세히 살펴보면 평소 취미로 가졌던 일을 직업으로 전환한 경우다. 타인의 시선과 사회적 기준에서 벗어나 진정 나다운 삶을 살아가는 사람이 많아진다면 개인을 넘어 국가 단위의 경쟁력도 상승할 것이다.

한 중국인이 스마트폰을 꺼내 뷰티 방송을 시작했다. 방송이 시작되고 10분 정도 지나자 접속자는 30만 명에 육박했다. 만약 그가 오늘 어떤 상품을 판매하려고 했다면 30만 개를 팔 수도 있었을 것이다. 왕홍网红은 웨이보, 텐센트 등 중국 SNS에서 2030 팔로워를 최소 50만 명 보유하고 있는 사람을 뜻하는 말이다. 이들은 상품을 직접 사용해보고 후기를 올린다. 자기가 느낀 장단점을 솔직하게 적고 개인 쇼핑 채널을 열어 실시간으로 팔로워에게 상품을 설명한다. 왕홍의 경제는 의류 분야에서만 1,000억 위안, 한국 돈으로 약 18조 원 이상의 가치를 지닌다. 왕홍의 성공 배경 중 가장 큰 원동력은 자신의 행위를 직업이라 생각하지 않고 취미로 즐겼다는 점이다. 취미가 자신의 경쟁력은 물론 국가의 경쟁력에도 지대한 영향을 미치게 된 경우다.

덕질이 세상을 구원하리라

4차 산업혁명으로 산업 자체가 고도화되면 연공서열은 무너지고 관리직도 없어진다. 지금도 대기업의 피라미드 조직에서 중간 관리자가 대거 빠지고 있다. 생산이나 회계, 판매, 재고를 컴퓨터로 관리하는 전사적 자원관리ERP, Enterprise Resource Planning 시스템이 있으니 굳이 관리만 담당할 사람을 채용할 이유가 없다. 따라서 앞으로 관리만 잘하는 무임 승차형 리더는 살아남기 힘들 것이다. 결국 무임 승차자들이 구조조정의 첫 대상자가 되고, 장기적으로 정규직 고용 형태의 월급쟁이들이 크게 줄어들게 된다. 이렇게 되면 현재 조직 구조상 문제점으로 지적되던 항아리형 구조는 자연스럽게 역항아리형 구조로 변한다.

반면 평소 취미를 즐기거나 전문적 브랜드를 가진 사람은 구조로부터 억압받지 않기 때문에 독자적 생존이 가능하다. 중국의 왕홍이 바로 그런 존재다. 자기 전문성을 가진 프리랜서들인 것이다. 그들은 스스로를 '덕후'라고 부른다. 이들은 능력대로 기업과 계약을 맺고 언제 어디서든 자신이 할 수 있는 일만 하면 된다. 그들에게 기업은 그냥 내가 돈을 버는 플랫폼이자 협력자에 불과하다.

덕후는 일본어인 오타쿠御宅를 한국식 발음으로 바꿔서 부른 말인 '오덕후'의 줄임말로, 뜻은 오타쿠와 동일하다. 오타쿠는 1970년대 일본에서 등장한 단어로, 원래 집이나 당신의 높임말인 '댁'이라는 뜻이었다. 지금은 집에만 틀어박혀 취미 생활을 하는, 사회성이 부족한 사람이라는 의미로 사용된다. 그러나 현재 우리 사회에서는 어떤 분야에 마니아 이상의 열정과 흥미를 가지고 있는 사람이라는 의미로 쓰인다.

그러나 덕후를 한 분야에 몰두한, 일정 수준의 지식을 축적한 아마추어 정도로 평가하기에는 그들이 가진 잠재력이 상당하다. 대량생산과 대량소비의 기존 사회에서 탈산업사회로 이행하면서 비상업적이고 순수한 리얼함, 개개인의 욕구를 충족할 수 있는 다양성, 소비자에서 참여자로 변화하는 프로슈머(생산자+소비자)적 요소의 결합이 '덕후의 시대'를 만들어냈다. 전문가들은 덕후를 "정보의 발산력과 파급력이 높은 트렌드 세터", "미래 신산업 견인차 역할을 하는 중요 소비자이자 생산자"로 규정했다. 단순히 자기만족 덕질로 끝나는 것이 아니라, 새로운 시장을 만들어내는 창조자 역할을 한다는 것이다. 이미 '잘 만들어낸 덕후 하나가 중소기업 열 개 부럽지 않다'는 말까지 나오고 있다.

따라서 미래의 직업을 보장하면서 스스로의 경쟁력을 높이려면 나만의 취미를 가지거나, 능력 좋은 덕후여야 한다. 한국사회는 '10대 수능 준비', '20대 취업', '30대 결혼과 출산' 등 특정 연령대에 맞는 생활 방식에 대한 요구가 굳건하게 자리 잡고 있다. 그에 맞는 획일적인 사고와 고정불변의 철학을 요구한다. 하지만 덕후는 획일적 전망이 불가능해진 시대에 자아를 찾는 활동이라는 점에서 긍정적 의미가 있다. 사회가 바라는 대로 만들어진 획일적 인생이 아니라, '내가 좋아하는 것은 무엇이고 나의 정체성은 무엇인가'라는 질문을 던지고 이를 찾아 행동하게끔 한다. 나이키 신발을 모은다고 해서 'just do it'이 인생 모토가 되는 것은 아니다. 진정한 덕후란 내가 진짜 누구인지, 어떤 가치관과 신념을 가지고 있는지 등 스스로의 정체성을 확립한 사람이다. 그렇다면 당신은 누구인가? 진짜 당신은 당신인가?

직장인의 로그아웃

회사라는 사슬, 묶인 자유

오늘도 어김없이 알람이 울린다. 더듬더듬 스마트폰을 찾아 알람을 신경질적으로 끈다. 곧이어 다시 알람이 울리고 그제야 간신히 눈을 뜬다. 회사 가야 한다는 생각을 하니 너무 괴롭다. 이불을 머리끝까지 뒤집어쓰고 꼴도 보기 싫은 부장의 얼굴을 떠올린다. 한심하다며 스스로를 한탄하지만 뾰족한 방법은 없다. 이렇게 하루가, 일주일이 지난 게 벌써 몇 년. 아마 모두가 똑같은 생활을 반복하고 있을 것이다.

우리는 앞으로의 인생에 대해 늘 두려워한다. 나약해지면 안 된다고 다그치고, 치열하게 사는 방법을 깊게 고민한다. 하지만 과거의 자신을 돌아보면 늘 그렇게 치열하게 살아온 것은 아니었다. 남은 건 후회와 아쉬움뿐이다. 그렇다고 현실을 놓을 순 없다. 회사와 연봉이라는 굵은 동아줄을 필사적으로 잡아야만 그나마 인간답게 살 수 있다고 확신하기 때문이다. 어쩌면 회사와 연봉이 우리의 삶을 불행하게 만들고 있다고 생각해보지는 않았는가? 나 역시 직장에 다닐 때는 회사를 그만두면 큰일 나는 줄 알았다. 9시가 되어도 출근하지 않은 채 아이와 놀아주고 있다 보면 공포와 두려움이 엄습했다. 생각해보면 그때의 나는 회사의 규율과 돈의 노예였고, 스스로의 삶에 대한 여유와 자유는 없었다.

우리를 후회와 아쉬움 속에 머물게 한 회사를 섬세하게 들여다보자. 무엇보다 회사는 개인의 성장을 지향한다고 한다. 하지만 그것은 새빨간 거짓말이다. 명분상 개인의 성장을 지향한다고 하지만 조직은 자기밖에 모르는 굉장히 이기적인 존재다.

최근 지방의 모 중견기업에 강연을 다녀왔다. 그 회사의 직원 평균 연봉은 1억 5,000만 원이었다. 순수 제조회사로 대리도 과장도 1억 원이 넘는다. 그럼 직원들의 삶은 어떨까? 365일 중에 360일을 출근하며 평균 퇴근시간은 밤 11시가 넘는다. 월차, 연차 휴가 제도가 있지만 제대로 휴가를 써본 직원은 거의 없고, 가족과 제대로 식사한 날은 다섯 손가락에 꼽을 정도다. 어떤 회사는 임원으로 승진하면 기본으로 외제차와 자유롭게 쓸 수 있는 법인카드를 제공한다. 회사는 1등 인재, 핵심 인재를 계속 조직에 머물게끔 만들기 위해 높은 연봉으로 파고들어 구성원의 삶을 지배한다. 문제는 높은 월급, 좋은 대우에 익숙해지면 거기서 벗어나는 게 점점 힘들어진다는 것이다. "좀 더, 좀 더"라고 자꾸 요구하고, 심지어 지금의 좋은 환경이 갑자기 나빠지지 않을까 두려워하기도 한다. 그 결과 삶을 구성하는 주체인 자아는 사라지고 회사에 종속된 존재가 되어 작은 일에도 큰 압박을 느낀다.

나는 직장생활하면서 두 권의 책을 출간했다. 교육생은 나에게 어떻게 직장생활 중에 책을 출간할 수 있었냐고 묻는다. 사실 이 질문을 들을 때마다 힘들었던 기억이 떠오른다. 당시 나는 직장을 다니면서 책을 출간했다는 이유로 회사를 그만둬야 했다. 나는 평일 밤, 주말 시간을 쪼개가며 책을 집필했다. 책을 쓴다는 이유로 지각을 하거나 휴가를 낸 적은 없었고, 때문에 업무에 피해를 끼친다는 것은 상상할 수도 없었다. 어렵게 책을 출간한 후 상사인 대표이사와 임원에게 책을 선물했다. 결과는 어떤 반응이었을까? 축하, 칭찬 같은 건 기대도 말아야 했다. 책을 받은 임원들은 모두 의심의 눈길로 나를 쳐다보았다. '어떻게 네가? 할 일이 없나보지?', '업무는 잘하고 있는 거야?', '회사에 돈 되는 일이나 좀 찾아보지…' 물론 면전에서는 축하한다고 했지만 그 어떤 누구도 진정성 있는 이야기를 해주지 않았다. 그 일이 있고 난 다음 날, 담당 상무는 나에게 일을 산더미같이 가져왔다. 그것도 해당부서의 업무가 아닌 일들을 지시하면서.

다른 사람에게 고용되지 않고서는 살 수 없을까? 피고용인이 되어 입 딱 다물고 불합리한 처우를 참는 것은 무엇 때문인가? 먹고 살기 위해, 즉 돈 때문이 아닌가. 물론 조직생활에서 보람과 일의 의미를 찾는 사람도 많을 것이다. 그러나 그 대가로 돈을 받지 않는다면, 보람과 의미만 보고 계속 일을 할 수 있을까? 이러한 세상의 이치를 아는 회사는 직원들에게 이렇게 외친다. "함께 성장해갑시다!"라고.

가족도 이렇게는 안 하는데요

새로운 직원이 회사에 입사하면 상사는 공히 외친다. 형님이라 생각하고 가족처럼 편하게 일해보자고. 우리는 이 말이 새빨간 거짓말인 줄 알면서도 자주 착각한다. 이는 직장과 가족의 생리가 비슷한 점이 많기 때문이다. 회사는 조직 전체를 책임지는 아버지뻘 사장이 있고, 중간에 완충 작용을 하는 어머니뻘 본부장이 있으며, 때로는 경쟁하고 때로는 의지를 불태우는 형·동생뻘의 선후배와 동료가 있다. 우리는 그들과 일상의 반을 직장에서 함께 보낸다. 더한 경우 집보다 직장에서 더 많은 시간을 보내기도 한다. 직장은 가족과 같은 사람의 정체성을 대변해주는 심리적인 상징성을 띠기도 한다.

우리나라는 유교 문화로 인해 가족과 친족의 결합을 우선하는 경향이 있다. 모든 의사결정에는 가족을 우선하며 가족을 위해서라면 모든 것이 허용되었다. 반면 가족이 아닌 사람에게는 배타적인 태도를 취하고 적대시했다. 이처럼 모든 관계를 가족이라는 구조 속에 묶어놔야 안정감을 느낀다. 우리나라만큼 모든 관계를 가족으로 빗대려는 경향이 강한 나라도 없다. "우리가 남이가"라는 구호 아래 술자리에서 형님과 동생으로 묶고, 해병대로 묶고, 종교로 묶고, 지역으로 묶어서 모든 관계를 친인척처럼 맺는다. 하물며 처음 가는 음식점에서도 언니, 이모, 삼촌을 호칭으로 쓰는 데 전혀 거부감이 없다.

그러니 회사라고 예외가 될 수 없다. 그런데 간혹 회사의 구성원을 진짜 가족처럼 생각하는 어리석은 사람이 있다. 직장에서 만난 사람은 아무리 좋아도 일로 만난 사람이다. 즉 결국 비교하고 평가하다가 헤어지면 남이 된다. 그 공간에는 미련의 여지가 없다. 회사 사람들과 맺는 관계는 진짜 가족과의 관계와 본질 자체가 다르다.

가족은 규율과 규칙을 강요하지 않는다. 있어도 암묵적이거나,

어겨도 용서가 가능하다. 하지만 회사는 정해놓은 규율이 있고, 엄격하게 지켜진다. 잘못하면 감봉은 기본이고 회사에서 잘리기도 한다. 물론 용서해주는 경우도 있다. 하지만 단 세 번, 삼진 아웃이라는 유한한 용서 제도다. 회사는 자신의 이익을 뽑아낸 뒤, 가차 없이 관계를 끝내버린다. 그 과정엔 가족처럼 대하라는 상사는 없다. 평가로서 나를 진단할 뿐이다.

퇴사한 콜럼버스의 신대륙

사실 나도 회사를 그만둘 거라곤 생각하지 않았다. 회사라는 동아줄이라도 붙잡고 있어야 한다는 것이 평소 신념이었다. 하지만 내 의도와는 무관하게 회사에서 나와야 했다. 믿기 어렵겠지만, 회사를 그만두면 생각보다 어떻게든 된다. 벼랑에서 떨어지면 비명과 함께 여지없이 추락할 거라 생각하지만, 주변에 있는 많은 사람이 나에게 줄을 던져준다. 아니, 어쩌면 지금까지 주변엔 많은 줄이 있었는데 이를 모르고 살아왔던 것일 수도 있다. 따라서 회사라는 굵은 동아줄을 놓아버려야 신세계를 발견할 수 있다.

나의 첫 번째 신세계는 나를 꾸미는 것이었다. 2016년, 나는 삼성그룹에서 진행하는 청춘문답 콘서트에 패널로 참석해 다음소프트의 송영길 부사장을 만났다. 작은 키였으나 그의 카리스마는 나를 압도했다. 더불어 인상 깊었던 것은 머리 스타일이었다. 길게 넘겨진 그의 꽁지머리는 나에게는 신선한 충격이었다. 이런 와중에 보통마케터로 유명한 안병민 대표를 만났다. 그의 머리는 양쪽은 스포츠형으로 짧게, 중간은 길게 세워진 머리였다. 하얀색 머리로 완성된 스타일은 이상하기보다는 이상적이라고 느껴졌다. '좋아! 가만히 있을 내가 아니지.' 고민 끝에 미용실에 가서 파마를 하기로 결심했다. 사실 살면서 파마를 한 적이 한 번도 없었다. 더구나 직장인이 파마를 한다는 것은 내게 엄두도 못 낼 일이었다. 그래도 회사를 그만둔 만큼, 두 대표들처럼 나만의 패션을 갖고 싶었다. 그래서 지금 나의 머리는 뽀글뽀글 파마머리다. 거울을 볼 때마다 '멋지네!'라고 칭찬한다.

두 번째로 만난 신세계는 내가 원하는 일을 하게 된 것이다. 대부분의 직장인은 회사라는 굵은 동아줄을 잡고 쉰 살까지는 무조건 버텨야 된다고 생각한다. 새로운 일, 내가 하고 싶은 일은 그 이후에 고민해본다고 한다. 사실 요즘 50세까지 직장생활을 할 수 있다는 보장이 있는가? 그리고 그 이후에 정말 자신이 원하는 일을 해볼 수 있을까?

40세 이전에 직장생활을 그만둔 나는 스스로 하고 싶은 일을 한다. 내가 하고 싶은 주제의 강연을 하고, 철학·심리학·미학·경영학 등 다양한 분야의 공부를 한다. 쓰고 싶을 때 책을 쓰고 자고 싶을 때 자고, 가고 싶은 곳은 시간을 내서 어디든 꼭 간다. 그래도 연봉은 직장생활 할 때보다 훨씬 높다. 2년 넘게 기획한 재능기부 강연도 하고 있다. 가족처럼 지내자는 부장도 없고 또 그들과 의무적으로, 전투적으로 술을 마실 일도 없다. 그래서인지 몸도 마음도 더 건강해졌다.

회사라는 굵은 동아줄을 놓아버린 나는 하고 싶은 머리를 하고, 하고 싶은 강연과 공부를 하며 새로운 세상을 살고 있다. 스스로 하고 싶은 일을 한 건데 사람들은 나를 전문가라고 부른다. 그렇게 지상파 방송도 출연하고, 참으로 신기하고 고마운 일이 많이 생겼다. 만약 내가 회사라는 굵은 동아줄을 계속 잡고 있었다면 이런 기회는 영원히 오지 않았을 것이다. 그 줄을 놓아버리고 나서야 비로소 보인, 그야말로 신세계였다.

새는 날아가면서 뒤돌아보지 않는다

류시화

(…)

다시는 묻지 말자

내 마음을 지나 손짓하며 사라진 그것들을

저 세월들을

다시는 돌이킬 수 없는 것들을

새는 날아가면서

뒤돌아보는 법이 없다

고개를 꺾고 뒤돌아보는 새는

이미 죽은 새다

오늘도 어김없이 알람소리가 울린다. 더듬더듬 스마트폰을 찾아 알람을 신경질적으로 꺼버린다. 곧이어 다시 알람소리가 울리고 그제야 간신히 눈을 뜬다. 회사 갈 생각에 너무 괴로워 이불을 머리 끝까지 뒤집어쓰고 꼴도 보기 싫은 부장의 얼굴을 떠올린다. 한참 자신의 신세를 한탄하지만 뾰족한 방법은 없다. 이렇게 하루가, 일 주일이 지나고 벌써 몇 년 째 똑같은 생활이다. 그래도 회사의 굵은 동아줄을 놓을 순 없다. 더 이상의 신세계는 없다고 생각하니까.

이처럼 오늘도 우리는 더 이상 묻지 말아야 할, 지나간 과거를 묻는다. 지나간 세월은 다시 돌아오지 않는다. 뒤돌아봤자 이미 죽어 있는 삶이다. 다가오는 삶을 지나간 세월처럼 살 것인가. 풍요는 의존을 낳는다. 우리는 회사라는 현실에 기대어 연봉에 집착한다. 하지만 이는 허우적거릴수록 죄어오는 덫이 될 것이다. 새로운 신세계가 저만치 있음에도 말이다.

가까운 날들의 사회학

초판 1쇄 발행 2017년 10월 11일
초판 2쇄 발행 2017년 11월 14일

지은이 정인호
펴낸이 권미경
편집 이정미
마케팅 심지훈
디자인 어나더페이퍼
펴낸곳 ㈜웨일북
출판등록 2015년 10월 12일 제2015-000316호
주소 서울시 마포구 월드컵북로4길 30, 202호
전화 02-322-7187 **팩스** 02-337-8187
메일 sea@whalebook.co.kr
페이스북 facebook.com/whalebooks

ISBN 979-11-88248-09-4 03330

소중한 원고를 보내주세요.
좋은 저자에게서 좋은 책이 나온다는 믿음으로, 항상 진심을 다해 구하겠습니다.

이 도서의 국립중앙도서관 출판예정도서목록(CIP)은
서지정보유통지원시스템 홈페이지(http://seoji.nl.go.kr)와
국가자료공동목록시스템(http://www.nl.go.kr/kolisnet)에서 이용하실 수 있습니다.
(CIP제어번호: CIP2017025215)